16	3	2	13
5	10	11	8
9	6	7	12
4	15	14	1

Leonardo Fróes

POESIA REUNIDA

(1968-2021)

Apresentação
Cide Piquet

editora ■34

EDITORA 34

Editora 34 Ltda.
Rua Hungria, 592 Jardim Europa CEP 01455-000
São Paulo - SP Brasil Tel/Fax (11) 3811-6777 www.editora34.com.br

Copyright © Editora 34 Ltda., 2021
Poesia reunida (1968-2021) © Leonardo Fróes, 2021

A FOTOCÓPIA DE QUALQUER FOLHA DESTE LIVRO É ILEGAL E CONFIGURA UMA
APROPRIAÇÃO INDEVIDA DOS DIREITOS INTELECTUAIS E PATRIMONIAIS DO AUTOR.

Imagem da capa:
O autor em retrato de Cassiano Lustosa Fróes, 2019

Capa, projeto gráfico e editoração eletrônica:
Franciosi & Malta Produção Gráfica

Revisão:
Bruna Mitrano
Cide Piquet

1ª Edição - 2021

CIP - Brasil. Catalogação-na-Fonte
(Sindicato Nacional dos Editores de Livros, RJ, Brasil)

	Fróes, Leonardo, 1941
F598p	Poesia reunida (1968-2021) / Leonardo Fróes; apresentação de Cide Piquet; textos de Ivan Junqueira, José Thomaz Brum e Fabrício Carpinejar. — São Paulo: Editora 34, 2021 (1ª Edição). 424 p.
	ISBN 978-65-5525-072-5
	1. Poesia brasileira contemporânea. I. Piquet, Cide. II. Junqueira, Ivan. III. Brum, José Thomaz. IV. Carpinejar, Fabrício. V. Título.

CDD - 869.1B

POESIA REUNIDA
(1968-2021)

Nota do autor 7
Apresentação, *Cide Piquet* 9

Língua franca (1968)... 19
A vida em comum (1969)... 43
Esqueci de avisar que estou vivo (1973) 61
Anjo tigrado (1975) 91
Sibilitz (1981)... 111
Assim (1986)... 181
Argumentos invisíveis (1995) 235
Um mosaico chamado a paz do fogo (1997) 295
Quatorze quadros redondos (1998).............................. 299
Chinês com sono (2005)... 321
A pandemônia e outros poemas (2021) 377

Índice dos poemas.. 398

Breve fortuna crítica

A poesia como fábula, *Ivan Junqueira*........................ 409
Natureza e consolação em Leonardo Fróes, *José Thomaz Brum* 411
A "insignificância perfeita" de Leonardo Fróes,
    Fabrício Carpinejar 413

Bibliografia do autor 416
Sobre o autor 419

NOTA DO AUTOR

O poema "Adeus à bananeira ociosa" aparece aqui em livro pela primeira vez, incluído, pela data de composição, em *Assim*. Tinha saído em 1981 na revista paulistana *Almanak*, onde o publiquei a convite de Arnaldo Antunes e José Thomaz Brum. Agradeço ao crítico e professor Luiz Guilherme Ribeiro Barbosa a redescoberta deste poema na mencionada revista. Ao Instituto Moreira Salles agradeço o generoso apoio que me foi concedido quando da divulgação em 2020, no seu programa IMS Convida, dos poemas "Tambores da madrugada", "Travessia em barco bêbado" e "Etapas". O poema "A pandemônia", impresso aqui junto com eles, na última seção de trabalhos recentes e inéditos em livro, saiu originalmente na revista *Quatro Cinco Um* (junho de 2020). Agradeço à editora Rocco pela gentil cessão, para o preparo desta *Poesia reunida*, de arquivos digitalizados de livros publicados anteriormente por ela. Aos poetas, críticos, professores e leitores mais novos, que ao longo dos anos tanta força me têm dado, agradeço as frequentes demonstrações de apreço e o calor da amizade. De modo muito especial agradeço a Cide Piquet, o responsável pela edição deste livro, que o preparou com dedicação e esmero, estabelecendo-se por conseguinte entre nós um clima de entendimento perfeito.

Leonardo Fróes

Regina D'Olne, Leonardo Fróes e o filho Cassiano no sítio de Petrópolis, RJ, fotografia de Vieira de Queiroz, 1975.

APRESENTAÇÃO

Cide Piquet

Há cinquenta anos, Leonardo Fróes enfiou seus livros num jipe velho e partiu. Deixou para trás a cidade grande — a capital do Rio —, a vida atribulada e o emprego bem-remunerado como diretor editorial e, ao lado da esposa Regina, foi morar num sítio no interior do estado, decidido a viver em tempo integral o antigo sonho de adolescência: ser poeta. Desde então, Leonardo vem cultivando sua terra e sua poesia, sua vida e sua obra, com paciência e paixão.

Nutrido pelos mestres modernistas, contemporâneo da geração beat norte-americana e da poesia marginal brasileira, é, porém, na antiga tradição dos "poetas do campo" que ele melhor se insere — aqueles que, do romano Juvenal, no século I, ao norte-americano Gary Snyder, no XX, levaram a cabo a ideia de fugir do tumulto das cidades para viver uma vida mais simples e mais plena.[1]

A mudança para o campo, no entanto, não foi sem desafios. Tendo investido todo o dinheiro que possuíam na compra do terreno, e sem outras fontes de renda, o sonho foi sustentado à custa de muito trabalho:

> "No começo da década de 1970, quando fomos morar na roça, Secretário, parte de um dos distritos mais afastados de Petrópolis, ainda era uma região de fazendas, com plantações, criação de gado, vida essencialmente rural. Minha impressão mais forte talvez fosse a de estar voltando para os cenários da infância, para a pequena cidade do interior onde nasci e morei até os nove anos. Eu e Regina vivemos em recolhimento e idílio. Com pouco dinheiro, tudo era muito simples, difícil de conquistar e por isso até mais gostoso. A mudança foi rápida. Nosso sítio era um imenso pasto, degradado e árido, a maior parte um morro coberto só por capim. O que restava da casinha, uma ruína com piso de chão

---

[1] Sobre esse tema, leia-se o ensaio do autor "Um detalhe na paisagem", na revista *Serrote*, nº 26, julho de 2017, disponível em <https://www.revistaserrote.com.br/2017/10/um-detalhe-na-paisagem-por-leonardo-froes/>.

batido, virou um ninho de amor maravilhoso. Peguei na enxada. Cismei de reflorestar toda a área, e isso foi feito, com muito esforço e paciência a vegetação voltou a crescer. Aprendi a trabalhar como pedreiro, assentei portas e janelas, puxei a eletricidade e a água, que de início não tínhamos. Fizemos horta, plantamos a nossa própria comida. Aprendemos a dar valor, e isso perdura até hoje, ao trabalho manual. Claro que, simplificando-se a vida, minha linguagem também se simplificou. Livrei-me, creio, de muitos condicionamentos nocivos, entre os quais o da vaidade autoral. Espero ter trocado esse sentimento menor por uma ponta de orgulho, sadio, por ter podido resistir e manter minha integridade. A poesia, antes uma atividade fechada, foi assim se transformando, exercitada nos desafios do dia a dia, no que acabei por considerar a principal de todas as artes — a arte de viver."[2]

Essa simplificação da linguagem é visível na comparação entre os dois primeiros livros, *Língua franca* (1968) e *A vida em comum* (1969), anteriores à mudança, e os seguintes. A cada livro, conteúdo e forma vão se transformando mais e mais: as questões da vida urbana e as angústias da realização pessoal se atenuam no contato com a natureza, e o verso livre de matriz modernista vai se transmutando em uma forma própria, mais orgânica, que ora se resolve em versos prosaicos e límpidos, em poemas quase sem estrofes, escritos e lidos de um só fôlego ("Justificação de Deus", "Introdução à arte das montanhas" etc.); ora se deixa embalar pelo ritmo e por associações selvagens, em um verdadeiro processo de *esgalhamento*, que informa também muitos dos poemas em prosa (ou "poemas em fábula", como sugeriu Ivan Junqueira),[3] de uma liberdade extrema. Em relação aos beats e marginais, guarda a dissidência essencial que os caracteriza, mas vai se afastando na atitude crítica, mais ocupado com sua vida presente e com as tarefas do dia a dia do que com a denúncia das mazelas sociais. Sua crítica ao "mundo errado" é sua própria vida e sua poesia reinventadas: "No meu afastamento progressivo/ da comédia de erros da cidade,/ não digo nada e nada espero depois/ de cumprimentar o guia e a paisagem".[4]

---

[2] "Entrevista com Leonardo Fróes", por Júlia de Carvalho Hansen, *Caderno de Leituras*, nº 64, Edições Chão da Feira, maio de 2017, disponível em <https://chaodafeira.com/catalogo/caderno64/>.

[3] Ver, neste volume, "A poesia como fábula", de Ivan Junqueira, pp. 409-10.

[4] "Sombra e cão", p. 361.

O dia a dia no campo é de trabalho manual, caminhadas na natureza, cultivo da terra e cultivo das letras, seja na escrita poética, na atividade tradutória constante, na coluna sobre plantas que manterá por mais de dez anos[5] ou nas leituras, que constituem seu estudo e passatempo principal. De todas essas experiências vividas, vão brotando poemas. Do primeiro milharal plantado com as próprias mãos, nasce o vigoroso e delicado "Mulheres de milho"; das caminhadas, o antológico "Introdução à arte das montanhas", entre vários outros; do contato com bichos, os belíssimos "Tiê-sangue" ou "O observador observado"; do nascimento do primeiro filho, o magistral "Adeus à bananeira ociosa"; das leituras, o saboroso e absurdo "Desdobre das bonecas" (inspirado na *Alice* de Lewis Carroll) ou "A doçura e a luz" (baseado em "A batalha dos livros", de Jonathan Swift); dos sonhos, "Que catedral", "Sonho de justiça", etc. E por aí afora e além. A poesia de Fróes é tão variada quanto as espécies que vão aparecendo em seu sítio reflorestado.

Ainda que fale com frequência do mundo natural, de bichos e plantas e paisagens, não faz propriamente "poesia da natureza", isto é, não contempla a natureza de fora, como um turista embevecido, mas sim de dentro, como testemunha, em sintonia e comunhão com ela.

DESENCORPANDO

Sentado atento como um totem,
um índio ou um animal que espreita
a dança de movimentos da mata,
pela própria concentração diluído
em tranquilo despetalar de instintos,
não perguntando coisa alguma e se dando
à consciência regeneradora do todo.
Não abrigando sequer um sentimento
no iodo de decomposição que o circunda.
Testemunhando o nascimento das folhas
numa voracidade exaltada.

Trata-se de uma poesia eminentemente reflexiva, mas sua reflexão não se dá apenas no plano mental ou discursivo, nem se restringe aos limites do

---

[5] Os textos dessa coluna serão reunidos pela primeira vez em livro em 2021, sob o título *Natureza*, organizado por Victor da Rosa e publicado pela Cepe, de Recife.

ego. Melhor dizendo, trata-se de uma poesia meditativa, aberta a múltiplos atravessamentos. É como se, vinda da terra, dessa conexão mais funda do poeta com a natureza, ela passasse pelo corpo antes de chegar à linguagem. Daí, também, sua qualidade fortemente sensual ou sensorial.

> "A tradição literária nos levou a enaltecer uma certa supremacia da sensibilidade do poeta. Mas a poesia vivida, a que antes de tudo é experiência, e não simples montagem de palavras, ou engenharia verbal, tende a supor que a pessoa do poeta é apenas uma das partes de um fenômeno mais amplo do que os registros que a escrita possa fazer. [...] É justamente quando nos abrimos para 'os vínculos entre os seres vivos' que passamos a conhecer o prazer de uma liberdade sem freios. Sendo parte da natureza, e não construção mental que me agrade, me dissimule ou me falseie para me proteger, não sou ninguém, não sou nada, mas, como um detalhe da paisagem, sinto que existo e me transformo com o todo, ora virando vento, ora virando árvore."[6]

É desses mergulhos na natureza, dessa dissolução do "eu" em algo maior que si, que brotam as descobertas ou revelações que o poeta nos comunica em seus poemas mais iluminados. Lendo-os, é difícil não pensar nos saberes dos povos indígenas (quando, por exemplo, um Ailton Krenak tenta explicar ao homem branco que o indígena conversa com o rio e com a montanha, que para ele são seres vivos e dotados de espírito) ou dos povos orientais, especialmente da tradição budista: há algo de chinês em Leonardo Fróes. De resto, penso que essa dimensão de sua poesia, tão afinada com o melhor do pensamento antropológico e ecológico dos nossos dias, e fundamentalmente anticapitalista, seja um dos motivos que a fazem tão atraente, em especial, aos leitores mais jovens.

De fato, Fróes bebeu muito na literatura oriental (passando por Índia, Coreia, China e Japão), convivência que deu origem a traduções e a diversos poemas, nos quais recria alguns de seus temas.[7] É o caso, por exemplo, de "Maluco cantando nas montanhas", do livro *Argumentos invisíveis* (1995),

---

[6] "Entrevista com Leonardo Fróes", já citada.

[7] Vejam-se, por exemplo, o volume *Contos orientais*, organizado e traduzido pelo autor (Rocco, 2013), a série de poemas "História oriental da loucura", "*Sataka* de Bhartrihari" e a série das "derivações" de poetas chineses, do livro *Chinês com sono*.

baseado no poeta chinês Po Chü-i (772-846), que pode ser lido como um autorretrato poético do autor:

MALUCO CANTANDO NAS MONTANHAS

Todo mundo nesse mundo tem a sua fraqueza.
A minha é escrever poesia.
Libertei-me de mil laços mundanos,
mas essa enfermidade nunca passou.
Se vejo uma paisagem bonita,
se encontro algum amigo querido,
recito versos em voz alta, contente
como se um deus cruzasse em meu caminho.
Desde o dia em que me baniram para Hsün-yang,
metade do meu tempo vivi aqui nas montanhas.
Às vezes, quando acabo um poema,
subo pela estrada sozinho até a Ponta do Leste.
Nos penhascos, que estão brancos, me inclino:
puxo com as mãos um galho verde de cássia.
Vales e montanhas se espantam com meu louco cantar:
passarinhos e macacos acorrem para me espiar,
eu que, temendo me tornar para o mundo motivo de chacota,
tinha escolhido esse lugar, aonde os homens não vêm.

Neste poema, já somos apresentados a outra figura frequente em sua poesia, que convive com aquela, talvez mais evidente, do poeta sábio ou do "poeta zen": a do louco. A figura do louco percorre toda sua obra, seja personificada, como no poema acima e em vários outros ("Feitiço fantoche", "Revelação num camarim", "História oriental da loucura"), seja na intenção ou modo que preside o gesto criativo, e, em geral, no humor, outra qualidade marcante de sua obra.

Como procedimento, esse grão de loucura aparece naquilo que chamei de *esgalhamento*: do verso, cujo corte segue padrões os mais variados e por vezes extrapola a margem da página; das ideias, que se sucedem aos borbotões, em associações súbitas, engraçadas ou vertiginosas; e da própria linguagem, que parece registrar fisicamente, sismicamente — no ritmo, na sintaxe e na morfologia — os torneios do pensamento e os caprichos da imaginação. Um bom exemplo desse procedimento é o poema "Tiê-sangue", no qual a visão do passarinho pousado num galho dispara uma série de asso-

Apresentação

ciações que a linguagem acompanha como que em tempo real: a contemplação meditativa virando plena entrega ao momento (em "busca búsqueda", com essa queda implícita), e os particípios como a dar saltos quânticos verbais ali onde se esperariam gerúndios ("me largado", "um tiê-sangue suspirado parando"), etc.:

TIÊ-SANGUE

existe um passarinho vermelho tiê-sangue no mato
perto da situação casual de eu lembrar de você e ele
aparecer subitamente ou passar como um raio levado
na abertura azul de duas folhas que um ventinho destrança.

existe um passarinho tiê-sangue que é a essência
da codificação deslumbrante desses momentos que passo
à busca búsqueda incompreensões me largado
na liquidez completa de não contar com uma explicação para hoje.

um passarinho tiê-sangue avançando
no balanceamento das rodas crepusculares do acaso
que por acaso é o nome das circunstâncias que eu dou
à roda das madrugadas tiê-sangue subindo
e balançando aqui no alto do morro como um passarinho.

existe uma infinita uma fita imensurável, a quinta
pérola do alfabeto dentário de Cadmo plantando palavras
numa brincadeira atônita
de dizer que existem o Infinito e a Água.

um tiê-sangue bem bonito suspirado parando
como a atingir na ponta-do-galho o Momento Extremo.

Essas duas figuras, o sábio e o louco, são como que duas faces do poeta. Se o sábio é aquele que, por meio da contemplação, reflexão e meditação, consegue ir além de si, enxergar conexões profundas entre os seres e perceber a unidade do todo, também o louco, ao desdenhar das convenções e questionar as aparências, realiza façanha semelhante. Penso aqui na aproximação entre poesia e loucura feita por Foucault, na passagem sobre Dom Quixote, em *As palavras e as coisas*:

"O louco, entendido não como doente, mas como desvio constituído e mantido, como função cultural indispensável, tornou-se, na experiência ocidental, o homem das semelhanças selvagens. [...] Na outra extremidade do espaço cultural, mas totalmente próximo por sua simetria, o poeta é aquele que, por sob as diferenças nomeadas e cotidianamente previstas, reencontra os parentescos subterrâneos das coisas, suas similitudes dispersadas. Sob os signos estabelecidos e apesar deles, ouve um outro discurso, mais profundo, que lembra o tempo em que as palavras cintilavam na semelhança universal das coisas."

Assim é que beterrabas são seios, uma pedra pode ser uma galinha, a alma pode ser uma planta, uma montanha pode ser um deus, deus, uma casa de marimbondos, uma espiga de milho, homem ou mulher, um cão pode ser uma sombra, "eu" pode ser um Outro, o Todo ou até, por vezes, um incerto si mesmo.

Não por acaso, creio, esse movimento entre sabedoria e loucura aparece com clareza num texto de *Sibilitz* (1981) que pode ser lido como uma *ars poetica* do autor, intitulado justamente "Dom Quixote de las Letras":

"Dom Quixote transgride, provoca, estaciona numa orelha e deita sua falação automática. De repente o espírito do local o possui. Mas de repente também ele retorna à sua e é o coração navegando sobre seu cavalo hipotético."

"Poderia dizer umas Verdades, mas já é tão tarde, e depois esses grilos, esse choro, é melhor dizer ui!"

"Já era noite. Era hora de acordar e afiar as unhas de novo, porque O Mundo — sua grande namorada — estava completamente maluco(a). As paredes estavam brancas de novo, e exigiam uma pichação caprichada. Era de manhã."

"As coisas doíam, sim, mas até um ponto. Dom Quixote não podia afetar uma sabedoria nenhuma, mas era clássico que ele deitava na sombra, matutando, passando pouco a pouco do seu confuso interior para a serenidade das árvores."

Ou, em outra chave, mas lidando com os mesmos elementos, no lapidar "Bem secreto":

BEM SECRETO

Nem saudade nem pressa: paciência.
Aprender essa arte,
conjugá-la com a sorte.

Nem mesmo a sede inextinguível
de inventar necessidades
para satisfazer-se à larga.

Somente a paciência dos anjos
que entoam cantos de louvor.
Somente a paciência dos doidos.

Há cinquenta anos, Leonardo Fróes cultiva seu jardim, sua poesia e sua arte de viver. Procurei aqui percorrer algumas trilhas e retratar algumas paisagens de sua rica e densa obra. Que o leitor se embrenhe agora nesta *Poesia reunida* e descubra ele mesmo outros tantos caminhos.

POESIA REUNIDA

(1968-2021)

LÍNGUA FRANCA

(1968)

HOMENAGEM A LOUISE LABÉ

Após o banho mas
　　　ainda tonto de prazeres
　　　　　após o banho
　　　mas cheirando a comida e sexo
é até engraçado que eu me lembre de ti
　　　não sei aonde vou
vou apenas me expor à curiosidade pública
e pedir a alguém que escarneça de mim
porque sofro de amor:
　　　há sábios
　　　　　moças
　　　　　　　multidões à espreita
o coração range
　　　a raiva me cega, tropeço nos livros
antes talvez tomasse um drinque
mas não há tempo
　　　　　　　não há misericórdia
um tigre ronda o quarto
j'ay chaut estreme en endurant froidure
　　　perdi todos os rumos e
nessa altura da vida, às três da tarde,
já não sou um misto de orgíaco e *scholar*
procuro uma emoção bem simples
　　　　　　　um rosto
　　　no qual me reconheça.

O POEMA

Com esse modo agreste
de usar o vocabulário,
tentando tirar o mofo
do seu emprego diário,
tentando dar às palavras
um valor não literário,
tentando extrair vida
de um velho dicionário,
aí vai o poema,
e vai sem destinatário,
assim como surgiu,
rangente, seco, dentário,
capaz de ferir a pele
por baixo do vestuário,
capaz de fundir num todo
os sentimentos contrários.

Excesso de amor perdido
no território solitário
de um aprendiz comovido,
resto de gritos e urros
num cárcere voluntário
onde me sinto mais livre,
o poema, sendo vário,
é sempre uma coisa minha
de fundo comunitário,
é sempre o desenho breve
de um gesto visionário,
uma esperança constante
de, sempre, ser solidário.

Símbolo tenso e aéreo
de um ébrio noticiário,
rumo incerto construído
com materiais precários,

o poema é sobra e soma
de impasses humanitários,
é dúvida e febre, cerco,
memória de um ser primário,
é o lance mais gratuito
de um jogo desnecessário
que eu disputo com as trevas
por ímpeto hereditário.

Meu tédio, meu desalento,
meu triste dever diário,
as forças de além-do-tempo
sujeitas ao calendário,
minha sede, meu orgulho,
meu desgosto sedentário,
minha mão sempre apontando
para um mundo igualitário,
meus monstros gesticulando
no fundo de um relicário,
meus porres e meus pavores,
meus nervos incendiários,
vai tudo contido nele
em busca de itinerário.

E se acaso esse poema
no seu ritmo arbitrário
toma fôlego e se entranha
nos meandros planetários,
se chega, tal como a brisa
ou o som de um campanário,
a pungir dentro do peito
de onde é originário,
se reproduz, como pode,
a forma de um estuário
por onde meus sonhos fluem,
eu, seu modesto operário
— que nunca de um talento
fui o feliz proprietário,
cuja ambição foi só

ser um fiel escriturário
de tudo o que vai passando
no mundo do imaginário —
eu me dou por satisfeito
e, fato extraordinário,
me suplanto, me extasio,
me dissolvo libertário
e sou cada vez mais eu
sendo vosso — e ainda vário.

COMPROMISSO

Nasço de vós, convosco vou, caminho
    por esse labirinto de argamassa,
tédio, tijolo e fezes, me equilibro
    e nem sei como ando, antes me empurro,

vou por força do hábito seguindo
    para junto do mar,
vou contra o sol
    e o vento,

vossos ídolos mortos me repugnam,
    vosso luto me enoja e vos pertenço,
nossa queda é conjunta, vosso sangue
    é o mesmo que jorra dos meus brados,

vosso sangue sou eu, e eu sou dos vossos,
    nada em nós é distinto, apenas fujo,
chego à beira do abismo e vos estranho,
    vos convoco e recuso, não sinto esse milagre

de que falam os livros, sinto náusea,
    sinto os sonhos desfeitos e a velhice precoce
dos meus contemporâneos, uma calva,
    um cajado de flores sob o queixo

num decadente hotel. Vou como posso,
    vou sem rumo direto, vou sem armas,
vou apenas por ir. Nada me envolve,
    nada tenho de meu, nada me barra

os passos. Vossos lucros e perdas, vossa ânsia,
    vossas grades de ferro, vosso ouro,
vosso ouro me tenta mas não cedo,
    vosso emprego do tempo me fez pária

e de albergue em albergue, sem destino,
        na cegueira e no ócio vos prolongo,
vou convosco nas veias, vou convosco
        na carne, em cada canto de mim vosso retrato

clama por mais afeto, exige amor!
        Vosso é o meu desvario, somos unos,
vossas tropas me caçam quando as bombas explodem
        e em cada riso vosso há uma esperança minha,

há, nas vossas tristezas, o meu rosto,
        meu silêncio e meu asco vos confundem,
vossos gritos me ferem, minha angústia
        penetra, devagar, nos vossos corpos.

Nossa queda é conjunta, vosso sangue
        é o mesmo que jorra dos meus brados,
vosso sangue sou eu, eu sou dos vossos
        e cada gesto meu vos compromete.

INSPIRADO POR UM VASO

Assim como os oleiros que se entregam em pasmo à estafante percep-
ção de uma forma girada nos próprios dedos, assim como os pintores
que se dão por completo à fantasia que evola do verniz dessa forma e
criam, no seu bojo, uma tensão contraditória de músculos,

assim como os humildes que a conservam em uso, carregam essa forma
nos ombros, afeiçoam-se a ela —
    — e não são nada,

senão um par de olhos contemplando as figuras
cujo mágico poder faz do labor um prêmio,

assim como os devotos que a honram
e a demonstram em pânico, fiéis servos da morte,
ao cínico juízo dos deuses,
assim como os guerreiros que o seu brilho confunde,
os reis que a acariciam e se tornam escravos
do luxo
ou os marujos que a embarcam no generoso destino de suas frotas ba-
tidas pelos mares incógnitos

para depois, acaso, abandoná-la
numa angra de sólidos ciprestes,

assim como os que lidam com essa forma,
vazam a linha de contorno, buscam
no campo ilimitado, mas não raro ilusório, de suas tantas aparências
esdrúxulas uma indicação de sentido para os gestos humanos que a ela-
boram e transmitem à vida,

assim como os que indagam seu gênio,
e a ele se curvam, confrangidos
à dura aceitação da realidade,

assim, minha existência, eu te persigo
na beleza da tarde e me debruço
em doce curvatura sobre o Arno.

CARTA A UM VELHO POETA

Nem é preciso esforço para achar um segredo,
vivemos um momento de pasmo coletivo
e as ruas entupidas estão cheias de enigmas que pedem resposta.

Alguns morrem de fome, outros de amor.
Há tipos delicados que se recolhem ao porão de um museu
ou saem em busca de objetos perdidos na infância,
sujeitos casmurros fazem careta ao espelho,
os adolescentes se emplumam, as vítimas se deitam na palha,
os sábios plastificam nossos órgãos
e, para não morrer solitário, um crítico se atira do vigésimo andar.

Caem chuvas de sangue na terra,
cresce em nossas calvas uma brecha de pus.
Em meio às efemérides abre-se um leito de cinzas
e as afeições mais ternas, entraves à política, morrem.

Cântaros, cofres, capitéis,
algumas tábuas de lei vitrificadas no tempo,
certos escrúpulos sinceros, certos valores subjetivos,
o narcótico e o jazz nos reconfortam,
mas aquele que hesita em confessar seus crimes
e nem sequer ousa balbuciar seu nome
ante um mundo que clama por definições cotidianas e práticas
é, convenhamos, um homem marcado,
baixam-lhe nuvens de terror na face
quando, só e canhestro, ele povoa uma ilha.

Pretendemos uma opção lírica,
recomendamos aos amigos mais tristes que criassem seus monstros
         [em gaiolas de prata
onde o ato de alimentá-los fosse uma simples rotina,
ouvimos o gemido da seiva, debruçamos num tanque
e enquanto sonhávamos conquistas a fuligem e as plantas obscureciam
            [os morros.

As horas passaram, as unhas cresceram,
figuras de marfim começaram a depender de um sopro nosso,
o peito arrebentou-se de amor uma dezena de vezes.
Um belo dia a fronte amanheceu orvalhada
e foi aí que descobrimos a poeira de vários continentes
intrometida na sola dos sapatos cambaios.
Hoje estamos nus e descalços ante a máquina esquiva,
apenas suspeitamos que uma luz se aproxima pelos trilhos da noite.

INTERIOR

E como ao coração doesse tanto
o breve, despistante amor, fumaça
ou tiro nos espelhos, como espanto

e fúria se mesclassem num perfume
de dois, enquanto em face da mobília
o pó serpenteando sob o lume

vazava pelas frestas, como fora
da íntima penumbra transcorresse
o cínico espetáculo da história

em transe, como a calma não baixasse
nas almas, giro estanque, nem o rosto
vencido pelos beijos derrotasse

em nós aquele impulso, puro assombro
ou lúcida ilusão de eliminar-se
na esdrúxula alquimia de outro ombro —

— ficamos, imersão do corpo numa
pressão de inúteis fragas, simulando
conversas no vazio sobre alguma

matéria secundária. Às vezes, tarde
da noite, quando a lâmpada se alonga
e o ar balança vultos, nossa carne

cogita, o braço pende, o instinto erra
e o sonho deste ser que amamos finda,
madura aceitação, no amor da terra.

DEBASTAÇÃO

Pedra oca. Puro espaço.
Mudo jeito escuro. Cego
sorvo. Cicatriz do nada.

Pedra oca. Puro espanto.
Vão balanceado. Chuva
sobre sal. Obra de encanto.

Pedra oca. Puro estigma
desse pulo sobre o ego,
desse amor pelos enigmas.

Pedra oca. Puro esforço
tão grátis, tão desgastado!
Leito, linguagem do torso.

Pedra oca. Puro efeito.
Jogo, dança de palavras
na boca do Insatisfeito.

Pedra oca. Puro esquema.
Tentativa para um vaso
de pé. Tripé de problemas.

Pedra oca. Puro empate.
Gesto, beijo, unha, sexo
e alma — que disparate!

Pedra oca. Puro elã.
Atrevimento na busca
de certo lugar manhã.

A ESCOLHA DA MORTE

Aos vermes confiemos
a carga do caixão:
morreu aquele nosso
amigo brincalhão.

Morreu como nascera,
num dia de verão:
a alma dando coices
no corpo de extração.

Morreu o nosso amigo
em grande gozação:
com uma bala na testa
visava o coração.

Visava o nosso amigo
causar-nos impressão?
Teria se matado
só por exibição?

O nosso amigo era,
de fato, esquisitão,
mas quis ter tanta coisa
pra dar com sua mão

e nos voos noturnos
de sua solidão
fora tão dedicado
à humana condição

que, em suma, nos parece
um morto de exceção:
sonhara com justiça,
verdade, comunhão

e todas as palavras
privadas de função
no show vocabular
dos dias que se vão.

No meio de uma praça,
colado à multidão,
quisera ter plantado
a sua inspiração.

Menino, já sentira
mentira e opressão:
quisera ter crescido
para a libertação,

a quebra desses ídolos
em desintegração
— valores recusados
por sua intuição.

O nosso amigo era,
porém, por formação,
o fruto mais perfeito
de uma contradição.

Se de um lado cedia
ao frêmito da ação,
do outro se inclinava
à pura abstração.

Se no claro forjava
a própria criação,
no escuro se induzia
à autodestruição.

E se o calor sentia
da sua exaltação,
também sentia o frio
da sua retração.

Também sentia o peso
da sua escuridão:
um povo de fantasmas
na imaginação.

Com o passar do tempo
veio a transformação:
e o nosso amigo, cheio
de si, partiu então

por esses continentes
de aérea dimensão.
Levava o seu desgosto
no bojo do avião.

Vazando pelas nuvens,
longe do seu torrão,
um sonho acalentava:
esborrachar no chão.

Mas isso não se deu
e o nosso amigo, são,
continuou sofrendo
essa desilusão.

Nos bares, lupanares,
antros de perdição,
perdia o que restava
da antiga vibração.

E o que restava, tédio,
enjoo e frustração,
delimitava o campo
de sua anulação.

O campo cuja área
se abre à deserção
e onde já não cabe
qualquer indagação.

O campo que é nocivo
à gana de expansão
e cujo ar, tão seco,
não entra no pulmão.

Que tem a mesma forma
de um sórdido porão
e o mesmo cheiro ativo
de decomposição.

Freguês cotidiano
dos quartos de pensão,
vivia o nosso amigo
tramando uma opção.

Vivia ou se ajeitava
à sua posição:
pequeno-burguesmente
seguindo a sugestão

daqueles que, não tendo
maior destinação,
atiram sua vida
num poço de aflição

e, dóceis, incapazes
de violentação,
não sabem retirá-la
do pântano em que estão.

Vivia o nosso amigo
em tal consternação
que o seu mal de existir
não tinha solução.

A escolha da morte
foi sua salvação:
a pétala mais viva
da lenta brotação,

o tumor decisivo
da grande infecção.
Aos vermes confiemos
a sua redenção!

E para que o seu gesto
nos sirva de lição,
saibamos que essa morte
não foi de negação:

— foi morte de protesto
e de aceitação.

FEBRE
(St. Vincent's Hospital, N.Y.C.)

De febre
sofro. E a mim me serve o corpo
ébrio desde cedo, seco
como um odre podre.

Um soco
lerdo corre pelo
manejo do pescoço, torno
terno mas enfermo, ermo
pedúnculo do rosto.

Ah febre
forte,
coorte assando os pelos
tétricos, matreiros. Tudo
à pele se incorpora,

vindo
não se sabe de que fronteira
cada vez mais tórrida.

A água
enrijece no copo
posto à minha cabeceira, beira
com bules e com ervas
que hão de ser meu espólio.

Os lábios vão ao lenço
e a boca fica esdrúxula,
catando no vento
os pés de um crucifixo.

A palma
da mão encardece, desce

Língua franca

ao peito se arcando
no amparo da tosse
ou sobe à cabeça que se esquece
por detrás da testa.

Mas nada, nessa hora
de amor? a nós se nega,
nenhuma pergunta é feita
à nossa inteligência cega.

As moscas pousam sobre
a cicatriz da perna
e movem-se, roxas,
para a coxa e para o sexo.

Leve, bem leve
me sinto em minha sêde, sede
da morte possessa, essa
dama pícara num xale
sórdido, perfeito.

CIÊNCIA EXPERIMENTAL

O fato pode ser, à luz de um vidro,
brilhante ou fosco, passageiro ou triste.
Depõe armas de asco aos pés do vício
ou, hirto, um brasão cria no espaço.

O fato pode ser, pode não ser.
Depende, pois é misto, de um bom clima
propício à floração: tanto no espelho
luzidio da sala quanto numa

espátula de safras num canteiro.
O manto do real, que é? Um selo
lacrando a boca infame de uma fábula

contada com cinismo ao nosso medo.
O fato pode ser, pode não ser.
Mas a memória, irmão, essa não falha.

CONTEMPLAÇÃO NA ÁGUA

Aceite a passagem
das horas. E, sério,
debruce num tanque:
há luz e mistério.

Se doem os olhos,
não se desespere:
contemple sorrindo
a água que os fere.

Esse rosto parvo
talvez seja o seu:
se está mais amargo,
apenas cresceu.

Não amaldiçoe
a primeira ruga:
chegamos à esquina
da célere fuga.

Um raio de sangue
ascende ao espaço?
É que, sob as ondas,
há rumor de passos.

De cada memória
vem algo no peito
e, mesmo que a alma
não cale os defeitos,

ó como se ama
na tranquilidade!
Situe o seu corpo
no sonho da idade.

ABERRAÇÃO

O vácuo dessa rua e o negro piche
do asfalto endurecido e o próprio fato
que se oferece íntegro nas pedras e os losangos
de sangue e a disponível
elementar vontade de dar socos no espaço e as componentes
de madrugadas tão suaves e os morcegos
de fogo e as menininhas pardas que me apontam
com cara de absurdo e as sinuosas
mulheres frias facilmente e os habitantes de uma escura
mansarda e os vagalumes e ambulâncias e as notícias
e as notícias e as notícias que não chegam
em forma de cardápio onde se escolha o mais suave
e próprio ao paladar mas chegam juntas
coladas opressivas perigosas e os manjares
a que portanto sou forçado e os sentimentos
fingidos e essa troca de favores e as notícias
querendo ser mais nobres e o impossível
amor de que eu preciso e a minha roupa
perdendo a segurança e os meus sapatos
caídos por aí pois nada mais tem mais sentido
conquanto que me abracem e o desejo
de abrir a perfeição com minha faca felizmente
apenas um desejo e a floração e as asas e os lugares
palubres que visito.

A VIDA EM COMUM

(1969)

1

Viver o que vai: a vida,
a marcha funérea, o povo
e eu — que me apego à ida.

Viver o que, havido, rui:
as loucas metamorfoses
e eu — que já outro fui.

Viver o que imaginei:
um sítio no ar, um trono
e eu me agredindo — rei.

Viver o a que me oponho:
as armas da tirania
e eu — que só ajo em sonho.

Viver o, talvez, possível:
as cartas de amor ao mundo
e eu — que me sei risível.

Viver o a que não me vergo:
a lei sem sentido, as normas
e eu — que, a negar, enxergo.

Viver o que herdei: a era,
meus tiques, meu dote escasso
e eu — espantalho à espera.

2

Buscar, sem limite ou pressa,
a trama veloz de um fio:
buscar o que em mim não cessa.

Coser-me por dentro (embaixo
do meu manequim) ao mundo:
coser-me conforme encaixo.

Ruir-me, se estou maduro
e em mim há pedaços podres:
ruir-me e salvar-me, duro.

Nascer, renascer, não ir
deixando que a lei me cegue:
nascer pra melhor partir.

Selar, com saliva e garra,
um grito de amor por tudo:
selar-me ao repouso, à farra.

Me dar por inteiro, agora,
àquilo que sou e sempre:
me dar ao pungir da hora.

Deixar que a maré me leve
por sulcos e desencontros:
deixar-me contigo, breve.

3

Ir se dando em despedida
como se a qualquer momento
fosse dar fim à vida.

Ir intuindo e se anulando
como se a vida mais vera
fosse a morte chamando.

Ir, envolto, se expelindo
como se um útero (o mundo)
fosse à força se abrindo.

Ir avante, mas voltando,
como se ao final de tudo
fosse o mesmo encontrando.

Ir por aqui ou por lá
como se o rumo impreciso
fosse o que é — ou há.

Ir livre, distribuindo-se,
como se não ter mais nada
fosse estar conseguindo-se.

Ir por ir, contraditório,
como se o trajeto humano
fosse um caos provisório.

4

De um ao outro ir, partir,
para, enquanto a vida passa,
poder chorar e sorrir.

De um ao outro encaminhar-se
para, enquanto transitórios,
poder à morte passar-se.

De um ao outro consumir-se
para, enquanto for possível,
poder, tendo, despossuir-se.

De um ao outro viajar-se
para, enquanto der vontade,
poder se ver e calar-se.

De um ao outro conduzir-se
para, enquanto se vai indo,
poder ficar e fundir-se.

De um ao outro extravasar-se
para, enquanto estar-no-mundo,
poder ser: comunicar-se.

De um ao outro transferir-se
para, enquanto completando-se,
poder se dar e pedir-se.

De um ao outro orientar-se
para, enquanto é tempo ainda,
poder amar — e salvar-se.

5

Os dias me vão vivendo
e, preso à manhã, respiro
meu modo de estar morrendo.

E, preso a vocês, me ajeito
ao corpo que, enternecido,
se arma em concreto feito.

O corpo é se desfazendo
— virtudes, paixões, olvido —
que vai se tornando e tendo.

Virtudes que, até, aceito
se os dias já vão tão idos
e a terra se abre em leito.

Os dias é se ir morrendo
mas ir nos refaz, vividos,
no claro do amanhecendo.

6

A morte me expõe à vida
e, fêmea, mas fêmea e seda,
no corpo constrói guarida.

A morte fere ou farfalha
e, seda, se aninha rindo
no fundo de mim: encalha.

Comigo trafega a morte
e, rindo, de mim se afasta
se quero pegar-lhe o corte.

Seu corte malsão me brinca
e, grácil, me faz da morte
um servo de amor tão inca.

(Um servo de amor da morte
que pode fazer na vida
senão vos amar tão forte?)

7

Desmanchar-me pouco a pouco,
pedra a pedra, palmo a palmo,
para ser sincero e louco.

Desnudar-me peça a peça,
gesto a gesto, corpo a corpo,
para ir ao que interessa.

Descoser-me fibra a fibra,
nervo a nervo, laço a laço,
para ver se a carne vibra.

Desachar-me passo a passo,
braço a braço, porto a porto,
para não sentir cansaço.

Despojar-me dentro e fora,
caso a caso, coisa a coisa,
para estar depois e agora.

Desfazer-me até meu feto,
lance a lance, porre a porre,
para nunca estar completo.

8

Sair-me custou um pouco
mas agora, que estou fora
de mim, extraído e louco,

morrer é criar o mundo,
percorrê-lo e revirá-lo,
ir ao ar azul profundo

em permanente quermesse.
Morrer é criar o mundo
que, por acaso, acontece.

Saí-me, não sei por quê,
e, só mas liberto em mim,
dou vida ao que não se vê:

um eu de secreta saga
que já vai além do tempo
e, no tempo, dá sem paga.

9

Devir é vir se alterando
numa feroz permanência
do que atrás vai ficando.

Devir é ser se entregando
às duras lides da osmose
por que passamos, passando.

Devir é nunca, mas quando:
um de-repente de abraços
que vai nos continuando.

Devir é não ter, se dando,
nem mesmo quem tem ou teve
presença em nós, nos amando.

Devir é ir se voltando
ao que se foi e, se existe,
é novo e desabrochando.

Devir é filtro filtrando
memórias, momentos, manchas
que vão nos proliferando.

Devir é simples deixando
que a morte esparrame vida
na vida que vai matando.

10

Desviver vivido e, quando
faltar emoção ou sonho,
desviver vivificando-se.

Desviver igual e, quando
a coisa não for bem essa,
desviver transfigurando.

Desviver à toa e, quando
o longe mostrar-se ao longe,
desviver se avizinhando.

Desviver consigo e, quando
um corpo chamar o corpo,
desviver se vinculando.

Desviver na forja e, quando
abrir-se em palavra o fogo,
desviver se pronunciando.

Desviver febril e, quando
o tédio baixar untuoso,
desviver reinventando-se.

Desviver havido e, quando
houver só passado e medo,
desviver se expovoando.

11

Um ser outro ser aceita,
um corpo se verte noutro
— a forma comum é feita.

Um sonho se faz um susto,
os nervos levantam vigas
— o espaço se ordena, justo.

Um medo combate um medo,
os corpos se dão abrigo
— esculpem-se os dois nos dedos.

Um gesto se torna um ato;
vazios, efeitos, cheios
— de tudo imagina o tato.

Um braço desenha um braço,
eriçam-se a voz, os pelos
— um beijo harmoniza o traço.

Um ser noutro ser se agrega,
um corpo se aninha noutro
— o mundo, nos dois, sossega.

12

A coisa de amor não para:
parece que é brisa ou nuvem
mas vem de detrás da cara.

A coisa de amor não dorme:
seu gosto, que é acre e vida,
trabalha a matéria informe.

A coisa de amor não gora:
pulsando, furando a casca,
se faz e refaz e aflora.

A coisa de amor não cala:
é brado uma vez e, outra,
sussurros sutis de sala.

A coisa de amor não morre:
é rio que, findo o leito,
nas veias e entranhas corre.

A coisa de amor não finge:
por mais que se faça dúbia,
aérea e disfarce, atinge.

A coisa de amor, comum,
se rege sem leis: se é crime,
é doida — e de um pra um.

13

Não posso morar contigo
nas ondas: é onde, em febre,
guerreio de amor comigo.

Nas ondas, boiantes fardos,
recolho cristais-enigmas
e, líquido, em vão me tardo.

Morada melhor que as ondas
não tenho: também me agito
em rudes, perpétuas rondas.

Também recomeço e, findo,
por sobre mim mesmo torno
— me faço e desfaço rindo.

14

De mim não convivo à parte
e, justo quando me deserto,
meu corpo é invenção e arte.

(Em mim, decerto, há uma norma
pois, justo quando algo é visto,
meu corpo é palavra e forma.)

De mim não controlo o jogo
e, justo quando mais esfrio,
meu corpo é quentura e fogo.

(Em mim há, decerto, amarras
pois, justo quando chega o sono,
meu corpo é extensão de garras.)

De mim não contenho o cerco
e, justo quando me ultrapasso,
meu corpo é saudade, e o perco.

(Em mim há um ímã, decerto,
pois, justo quando estou sozinho,
meu corpo é você por perto.)

15

A pele manchada, o berro
que em mim já se deposita
por onde eu, cambaio, erro.

A mão inocente, o crime,
a voz que se ouviu na infância
gritando: não desanime!

A sala boiando em torno
e, fora, a tristeza, o caos
entre abandono e retorno.

As quatro estações, o cerco,
a roda rodando opaca,
o jogo que eu jogo e perco.

O riso, o ressentimento.
Às vezes, à tarde, um gosto
de amargo deslumbramento.

O mar, seda e luz, à falta
de escolhos que me arrebentem
fazendo a maré mais alta.

16

Na mão eu nos trago o vosso
dever que repasso e faço:
assim o que é mim é nosso.

Não sou se não vou convosco
e sei que vos ser me anima:
meu ir é me estar conosco.

Mereço-me em vós e passo
por cima de mim: me atrevo
a ser o que são teus passos.

Teus passos conosco irmanam,
ninguém é jamais um próprio:
nós todos um só se chamam.

E todos em si nos somos
qual forma que se reparte
e é una: a laranja e os gomos.

Ao outro um se traz no peito:
por dentro de mim te afago
e sinto te estar no leito.

E sinto-te em mim, andando,
se aéreo vos vou seguindo,
ao mundo me combinando.

17

Viagem desencantada,
e sinuosa, entre coisas
que aderem à percepção.

Suspeita de ter havido
alguém que as depositasse
no oásis da solidão.

Espanto de, enquanto penso,
poder refazer tais coisas
num gesto de doação.

Desejo de oferecê-las
e raiva de, não sei como,
viver nessa frustração.

Vontade desiludida
de rir-me ou de vomitá-las
num porre de confissão.

Certeza de estar com elas
e nada, nem mesmo a morte,
livrar-me dessa opressão.

18

Idas, tropeços, azares,
vagas veredas de espanto,
perdas, recuos, pesares.

Males, mazelas, remédios,
gratuita corte às palavras,
falas, antídotos, tédios.

Planos, projetos, detalhes,
informe busca de cânones,
nervos, meandros, entalhes.

Veias, vertentes, anexos,
rubros negócios pendentes,
traumas, temores, complexos.

Restos, incestos, escombros,
tênue rastilho de vida,
febres, afetos, assombros.

Porres, impasses, demência,
usos do sangue e da sorte,
ânsias, imagens, paciência.

19

O que nos é, e nem consta
nesse registro sumário;
o que, ardilosa matéria,

se desintegra e faz sonho;
o que, beirando a demência,
é solidão solidária;

o que é derrota, ruína,
e sabe sempre a esperança;
o que se expande sem forma

por onde as normas falecem;
o que, tentando existir,
faz um esforço e se anula;

o que é silêncio, retorno,
re-sentimento de origens;
o que é falado em segredo

mas o ouvido não capta;
o que, num parto de fogo,
se abre em chances e sóis;

o que é acaso, permuta,
integração provisória;
o que, sangria ou centelha,

no coração faz fissuras;
o que, não tendo critério,
é uma intensa aventura.

20

Como se toda biografia
fosse um desejo recalcado
de tentar a travessia.

Como se todo relatório
fosse uma trama de palavras
a trair o transitório.

Como se toda experiência
fosse uma inútil tentativa
de driblar a desistência.

Como se todo gesto feito
fosse uma fuga para fora
do amor no próprio peito.

Como se toda realidade
fosse um disfarce, a descoberto,
para a negra intimidade.

ESQUECI DE AVISAR QUE ESTOU VIVO

(1973)

PEDRALUME

Confortável mobília o corpo
e seus ângulos bambos acutângulos
sacudindo-me dentro seu chocalho
alho seu sorriso e seu dengo
que me transporta o corpo
todo sem porta ou pandemônio,
simplesmente colhido mastigado meu corpo imenso
que é do tamanho desse punho fechado.

PERGUNTAS PARA RECUPERAR A INOCÊNCIA

As caravelas já voltaram?
Os tanques já poluíram? Os traques?
Os anões já cresceram? Já
nasceram girassóis? Os outros
já passaram?
Os alvéolos: já viram? Os verdes
já despontaram?
As estradas já se finiram?
A ira se congelou? A gente
já pasta nos alpendres da tarde
a sua prosa? A rosa
ainda vale alguma coisa ou já se enfurna,
fétida decoração, nos almanaques
da prensa livre? O rosto
já fotografou a grande festa,
já fez de morto,
já comunicou?
A mão já deixou de bater, podendo-o?
Os pés já deixaram de fugir
ou são eles que me antecipam
penetrados na absoluta calma da poeira descalça?
Os olhos ainda veem ou
já se entregaram ao miasma das cenas?
A rua já pariu um susto
e já soube — você — colher os tantos
que saltam, domésticos,
quando à porta do armário?
A inocência já era
ou soberana resiste, ainda vestida?

AFIRMAÇÕES ANTES DE TIRAR A ROUPA

Já teceram treliças, já
aviaram aviões. O rio
secou (já) e no seu leito
há mágoa, pedras d'água. Já
há megatons no necrotério, gula
no golfe apático do sexo.
Já há ira na aragem, risco
no cruzar a ponte, vergonha
de entrar nessa dança sem parceiro
que vai alta e solene. Já sinistros
dedos dedoduram meu silêncio, já
há um borrão manchando a vista
quando vejo a manhã.
Já discuto, já creio, já enjambo
as palavras com jeito, já desisto,
já me aprumo e prossigo.
Já engraço, já juro, já noto
aplausos e apupos, já greta me garbo
no filme do infindo, já suo
de pensar em suecas, deito-me
e no meu catre tropical
já me coço e caçoo.

PREPARAÇÃO PARA O TRIGÉSIMO ANO

A grande calma da fera
nos sortilégios urbanos a dança
de gestos a impressão suicida
que se resolve em simples gargalhada o seco
sorriso profissional
e grave o susto a verve o frágil
encanto com as coisas
que logo se nos subtraem
como num filme a ênfase
de certas horas de armistício
ante o campo adverso a big
chance o big armário de surpresas
que se abre no corpo
quando é maior a solidão a cisma
de construir algo tão leve quanto um jato
cobrindo de alumínio a malha úmida
do mar a mancha
pesada e solar
das horas o derrame de alegria
o vagão vagaroso das lembranças
que vai sendo arrastado para os cimos
de um futuro talvez a pouca
e preciosa
garfada de esperança
que alimenta o vazio
dos trinta anos.

COM GATOS E GOETHE

Repara pára. Despeja
aromas retratos diplomas
impurezas.
        Almoça a alma
e cospe — sem nojo sem mágoa.

SALVE REGINA

machifêmea machinery of joy
beijaminceta beijaminfância funicu-lar
doce lar afunilado que sucede
ao portãozinho de verão das tuas pernas
que se põem (parênteses) nas minhas
suadas pernas peludas perturbadas e tímidas
que há trint'anos trepam em si mesmas.

LIQUIDIFICAÇÃO

O desencanto a geleia
de sentimentos a mão
que policia ou acusa
e escreve
frases gaiatas de fundo
afetuoso a ternura
que há em certas palavras
como areia e vidrilho como avenca
e musgo os horários as torres as tórridas
experiências urbanas
entre bazares e albergues
de solidão os desertos
abertos em pleno asfalto
sob os passos indefinidos
da multidão o perfil
cósmico de certos momentos
preguiçosamente gastos
num abandono ao prazer os ônibus
que se abarrotam de conversas
vazias o vigor
de uma face pedestre que nos topa
e, mal sorrindo, nos ingressa
numa esfera sensual de amor à vida
amor à morte amor
às intenções secretas do minuto
que nos possui.

EXCADESCERE CALESCERENDO

Aquece ou esquece
o que roça no fundo
não há nada fora
    esse deslumbro
esse mando grátis
da mão ao mundo:

    o fogo agora
    na hora-ouro.

ATRAÇÕES DE MATATEMPO

Idos detritos náusea
urubus de alumínio
no toldo elástico da tarde ordem
e desordem geral gementes
telefones mansos leitos dúplex
lugares e bares
de Matatempo a dolorosa
urbicaniculária
metrópole das praias verdinus
gurus carecas gordos a gosma
que o solene me inspira planos
de viagem planos de estudos planos
de consciência planos de euforia o jipe
cortando o ar em fatias
de aventura o surto
de palavras na boca o medo
de encaixá-las começo
de ilusões combinatórias
na conversa ou na página o jeito
peculiar de certas ruas
se lembrarem de nós suor cansaço
passos contraditórios
na pequena vitrine humana
em que fomos metidos.

LIMPEZA

O sorriso contido telegrafado o dado computado a seca
percepção de enguiços gozos arranjos resíduos aguados
que de repente ou ponte a página virada
e já não lemos nada nesse livro
                    a mão se joga
e em seu drible trançado já diz tudo: esquece. Acossa
o instante no peito e prova o gosto
que essas coisas à margem vão tomando, atual.

ANIMADVERSIO

A travessia — o
corte na crosta desse dia,
terna separação, desejo
de conquistar um lado meu
que jamais se revela. Vasto
é o salto no azul,
não há paredes para o grito
de se sentir existente. A travessia
— mapa
sem contorno e sem trajeto, jeito
de inventar um caminho, povoá-lo
e partir sem ninguém.
Alguma coisa falta, sempre
está faltando alguma coisa
na aventura vivida,
é tão rica a memória e, no entanto,
range um vazio áspero no peito vazio
e a impressão de ausência não se apaga.
A travessia — gesto
de agarrar o sem corpo, febre, fúria,
perseguição grotesca do invisível.

PARA UM MANUAL DE PRECIOSIDADES

Entre
aquelas torres, sede
de um secreto abandono,
dono de minas não lavradas, vindo
e me vendo em viagem, fabricando-me,
farto de mim e dos meus feitos, farto
do meu alento e do meu tédio,
farto de amar e desamar, faminto
de perfeição, um choque, uma centelha,
alguma coisa exterior à minha angústia
ou parte dela enfim transfigurada,
gesto de fogo, jogo de palavras,
reunião dos meus possíveis
numa só forma, um sonho,
aquelas torres, entre
aquele exato caminhar, aquela
serenidade, um rapto,
um doloroso apelo à invenção
que nos possui, indústria solitária,
gênese do grito e
desse espanto que à tarde povoamos
de questões absurdas, culpas, agressões
e até, de repente, certo anseio
comunicante.

ESTAR ESTANDO

A impressão de estar, o lento
espanto que se repete. Aqui e onde, eis como
povoo ao mesmo tempo dois espaços
ou, mais que isso, passo a noite inteira
vivendo as sensações de um fragmento
que me é próprio, ou é-me o corpo todo,
e de repente vai sem deixar marca
entre o que foi e o que há de ser. Deslizo
nessa fronteira vã que não separa
nada e ninguém, passado nem presente, simples
e uniforme
faixa de areia da qual jorram palavras,
visões, retratos, intenções. É sempre agora
e nunca, sempre sono e manhã, sempre uma coisa
que num jogo dual se nulifica
para sobrar de nós sempre esse caldo
de frustração e tédio — ou de esperança.

PENSADO EM FORMA DE FUNIL

O salto para dentro a
perda o pavor a farsa o nevoento
arquivo da memória a falta
e o seu uivo inexistente amarfanhando
pelos e grama o grave
solar da experiência onde, indefesos
alvos de uma guerra cruel, se refugiam
os sonhos
       o silêncio o gesto o germe
de uma inquieta exploração ferindo a boca
declarante de pasmo ou inocência o medo
os braços ávidos de alguém o grande
impasse a grande noite suplicante se embebendo
de sangue e sons pisados a
sombra o desvario o sono a dissolvência o húmus
de novo sobre nós; e esse vazio.

ROTEIRO PARA UM FILME-PÂNICO

Todavia o merengue
da melancolia a verve subversiva
do cantochão o tom ordeiro
em que a minha desordem se processa o visgo
da memória que derrete
e me liberta assim à renascença
tépida dos sentidos todavia
os subterrâneos cavos que a tarde alumia
dentro de mim o bote
que ameaço e não dou mas me suspende
no ar como uma cobra o susto
de poder se anular ser uma simples
descontração de anéis que se entrecomem no pasto o lixo
que se acumula (e por que penso
nisso
por que penso
nisso de lixo em brochura
que se acumula
nos arquivos da história?) todavia
o trem-fantasma da alegria o pulo
mercúrio de Melina
furando a tela e as águas do Pireu a "óptima
oportunidade perdida
por não saber dançar"(e por que danço
no salão das ideias, por que penso
nisso
que é James Dean chutando folhas secas
na Cinelândia?). THE END.

PASTOREANDO UM BRUXO URBANIZADO

Interpele o mato a brotação a seiva
que borda obras custosas de artesão
sob os elos amenos do jardim indague
com que paciente amor foram tecidos
os fios luminosos da manhã
cuja cortina ondeada se biparte nos morros abjure
toda forma suspeita urbanizada
ou transmitida
por imperfeitas formas literárias
de assimilar o mundo espie
essa nudez de coisas que se entregam
à embriaguez da própria criação o lento
crescimento raízes
matizes o intento
imprevisível do capim a ilusão preguiçosa
de nuvens que desandam
e de repente chovem sobre a roça
um frio leque de água clara ouça
essa mensagem muda que o minuto
sopra: viva invoque vislumbre invente
mas não pergunte nada.

MEIA-NOITE NO BINGEN

Vitraux e vestais decoram meu lar
aberto para os pastos da insônia, à frente
do meu rosto há o calibre cego
de uma estrela porém nenhuma —
— os fios do tempo me embaraçam, mas me torno
um navegante do possível
e, por bem ou por mal, entro na esfera
brumosa de uma incauta geometria
que o meu próprio desvario constrói e derruba
com abstrações fora de hora: é meia-
noite no mundo escuro em que vivemos
encurralados entre amor e manhã,
cosmo e arrebol, diamante
e bosta, é meia-noite
no Bingen (*aber es ist noch nicht Zeit*),
em Avignon ou Lérida alguém diz o mesmo,
ou pensa o mesmo, um gesto
sempre tem outro que o desenha ou apaga
no grande quadro-negro da vontade geral
que ninguém obedece nem manda; entro
no beco sem saída da vida
como um ator de costas para o público
que se ajoelha e pede
licença para rir.

UM LEDOR DE INDECIFRÁVEIS

Artesão do possível obreiro
numa colmeia de apressados
fazedores lento ledor de enigmas
e iridescências móveis
que atravessam o céu paciente
consumidor de anúncios boletins mensagens
indecifráveis do longe vítima
de mutações sentimentais
que desarrumam o mundo
e o recriam sócio de empreitadas
frustradas porém sentidas
como o transcurso da tarde
que se enrodilha em nuvens e langor doutor
em absurdas ciências
que, ao nada explicar, conduzem
à alegria do escuro — ao urro
de aceitação animal.

PROGRAMA DE FIM DE SEMANA

As pernas
batalhando no ar o árabe
detalhe que percorre
nosso sangue predatório a senha
que não nos obsta o ingresso
numa viagem de inspeção às obras
do imaginário a matriz
de que nos foram tirando
com certa margem de erro
e alguns efeitos casuais o enxame
de sentimentos que baixa
sobre este magro corpo doido
cujo transporte me toca o embalo
de horas mortas num banho
de ilusões sensuais o toldo
todo de luz das praias
onde a vista se descansa
da escuridão interior.

ESCRITO NUMA BANHEIRA

O gástrico amor tremendo
em toda tua estrutura
de sol a chave
que te ofereço e empunhas
como um troféu de mútua aceitação
a salvo da cobiça
familiar a salvo
das disputas políticas o pacto
que selamos nessa banheira
cheia de espuma e de ilusão a aula
de geografia corporal
que vou tomando enquanto a mão te alisa
e te refresca e te arrepia
nos delicados vales sob o ventre a carga
elétrica da água
que se armazena em angras debuxadas
pelo teu busto a busca
de minha infância em ti por todaparte
onde me arrastas como
a correnteza então daquele tempo.

TREINO À DISTÂNCIA

A linguagem sem igual o tempo
e a tentativa vã de atravessá-lo
com passadas alegres e distintas
do trote de serviço o impasse
das evidências o contorno imaginário
de um país para o qual nós nos movemos
sem sair desse quarto dessa quebra
de juras e valores pré-moldados
na arcaica fábrica de ideias
enlatadas o mundo à noite aberto
na distância tomada de si mesmo a marca
de uma funda prospecção no próprio solo
e os achados — quase sempre inúteis —
que no entanto consolam a presença
de um gesto de amor no frontispício
desse álbum de imagens conflitantes
que uma vida folheia e não entende e custa
a largar onde achou o show vocabular as senhas
que nos convidam a entrar por avenidas
atlânticas da alma.

PAISAGEM VOANDO PARA O ORGASMO

Trens sonolentos resfolegam
na gare do escuro rostos antigos se alumbram
e nos sorriem discreta-
mente a razão se estilhaça os sentidos
se destampam os cheiros se condensam os sabores
se associam ao cuspe a vida nos penetra o vento
nos penteia e espalha
por coloridas areias os dias nos dividem
os horários nos limitam a memória escasseia o mar
devolve ondas vazias
em que já fomos levados
nas noites frias de outrora o outro espia o outro espera
o outro
nos sedimenta em nosso desvario
e ensina um corpo à solidão
o outro ampara nossa queda beija
nossos pudores e a boca
sempre entupida de espanto o canto explode
o galo canta a cama range o ar se fende o riso
nos comunica o gosto diferente
desse gesto largado o riso alarga eleva desarruma as gavetas
de nossa servidão cotidiana.

PLENO MEIO, NATURALMENTE

ele-o-circo a travessia por ele aquele em trans/missão
o subjugado nas vertentes do acaso a monotonia

a travessia por ele a desconfiguração dos modelos prévios
a não intervenção no dilúvio, chute superbe, fin si douce,

ou então tu mirada a cama na varanda chaque atome de
silence num lugar como aquele tu mirada ou então

chute superbe, a travessia a não intervenção nos modelos
prévios a desconfiguração do dilúvio a missão tu-mirada,
fin si douce

a travessia na varanda chaque atome ou então a cama de
silence como aquele ele-o-circo em trans/missão do acaso
nas vertentes-mirada

O CARANGUEJO COME A PRÓPRIA PERNA

Sempre se engraçando com a vida, sempre
com sua capa vermelha
gozando
o touro que o não ataca, antes o lambe
sem maiores problemas, se tornando
sempre
um vigilante sorridente
do seu próprio fracasso, sempre um autopalhaço
que com nenhuma graça se contenta
e, nos espelhos velhos do seu camarim abafado,
se desabafa, sempre lendo
as bulas pelo avesso, os jornais ao contrário,
a história a seu gosto,
botando sempre algo de seu nas coisas
que se encarregam, vistas,
de o fabricar e consumir, sempre o seguinte, o
seguidor da banda, o espião solitário
que investiga as chances de uma praça
onde só há memória e destroços,
memória e liberdade
e uma coisa branda que eu não sei o nome.

MISSAL SEM CERIMÔNIA

Certo ar de falência, certa estrela
na testa, certa sorte bifronte, certos
objetos entesourados
no fundo de uma mala, certa mágoa
ambígua, o som de certos ambientes, a
impressão incerta de estar numa
travessia sem freios, a defesa
de certos itens na lembrança
caolha, certos
calafrios sem causa, o grau
de inocência e tristeza em certas horas
sombrias, a importância de certos
detalhes, a pergunta não feita e sua certa
resposta incerta, o brilho
anterior a certos sinais dados
pela palavra espanto.

CARRANCA PARA UM BARCO IR AO FUNDO

A vida posta, o pouco
que podemos fazer
e nos consola, um gesto
mas algemado e quedo, a grátis
guerra motora
entre um meu lado e o outro, a orto-
pédica lembrança
de países andados
na roda mágica da infância, o gume
áspero das horas
de fantasia, a falta permanente, a livre
combinação de amor e de fastio
na mesma festa, a mesma frustração
e, num canto da sala, o mesmo papo
com as sombras enigmáticas
do desvario.

RELAÇÕES DE ESTRANHAMENTO

A enxó o giz o grilo o cinzeiro
a cruz a carcaça a desova
a honra os retratos a herança o remorso
a usura o anzol o sono
e sua pesca de anseios afogados
no açude da infância o gosto
de sono das palavras
que nos ferem a mente o riso o vômito
a lâmpada o fosso o paraíso os espelhos
que de repente derramam nossos olhos
pela face barbeada de um estranho.

ELETROSSEXOGRAMA

A rápida reunião de instinto
e cuspe o papo na varanda do mundo a aragem
carregada de sangue o susto empático a soma
de fantasias prontas a falar-se
sem cerimônia o fluxo de imagens teleditas
pela dança dos olhos o relevo da pele a coruscante
tessitura dos beijos
     o diálogo agora
   o manifesto
     presente a oferta
   de ombros
     a pequena festa íntima
— a estonteante pescaria no outro.

ANJO TIGRADO

(1975)

DO TRAÇO AOS PONTOS

— um projeto de pedra
ao, ao voltar do nunca, caminhar para casa
sabendo que não tenho
trabalho nem teto, um corpo entre
outros tantos magros,
sabendo nem mesmo se fagulho no olhar
ou se, paradisíaco, me ejeto em golfadas bucólicas
bocas asmáticas
trens miraculosos
gares desertas e andaimes mambembes
onde, perdendo a vida, ganho esse lugar num trapézio
rente às brincadeiras divinas:

QUEBRA-CORPO

Poças de sangue, quando abro a gaveta,
e como um homem que parte jogo a arte do como,
como a um útero comparo um cômodo, como à comodidade do
mundo comparo meu corpo, nessa tarde malandra
que parte a parte se reparte, como a laranja em gomos, o leão
em pelos,
eu que me comparo à gaveta
ou que — apenas a abro — descubro não haver nada dentro
nada fora, nem gaveta nem como,
apenas essa ação entre os ossos, essa lenta
experimentação de um corpo que se articula com a tarde
essa tarde-corpo
que se abre no mundo como um guarda-chuva sereno.

MULHERES DE MILHO

Milhares de mulheres de milho
brotam do meu olho calado como espigas
fortes. No ar elas se endireitam

como folhudas criaturas carnosas
que ao vento se transmudam, de fêmeas,
em formosos penachos machos.

Acho graça na cruza; penso nisso
que é ser mulher a passo
de, sob a vertigem solar, virar confusa

hibridação. Abro-me. Brinco
de me dar. Rapto-me e opto-me
como se eu mesmo fosse me comer inteiro

enquanto as coisas simplesmente nascem.

PRELÁBIOS

A manhã me unha mas a vida é doce.

*

É comendo brasa que se manda brisa.

*

Minha cara-manha gatominha e me estranha.

*

Montar montanhas, mas de alma na mão.

*

Alegro porque me escasso
vendo a chuva chorindo.

PERNOITÓRIO

Cisco de carne. Pingo de noite. Metralha.
O olho serve para brilhar no escuro.
A cura não há.

Há o pé — que já vai havido —
a mão que pisa no palavreado
e outras coisas normais: ois, alôs, ais e esbarros.

Há o dente carnívoro da frente.
Rente a ele há um crime
e, no creme do crime, certo medo.

Cedo eu fui. Mas o ido degenera
e a terra, discretamente, agora brilha.
Há ilhas, baralhos, continentes, tinidos e plantas.

Há inclusive — a essa altura — uma esquisita cautela. Há a pele. O pelo
rapado por toda ela. Há o menino que eu invento
e pouco a pouco se inicia à morte. Há, principalmente, a sorte

de ser mesmo um pau torto, que jamais endireita.

PRECIPINCÍPIO

esse mo um nada mento elétrico no cor na carne
um monada um corpo em desagr torto minto desagramento um
mortor sanguágua um nada a carnoficina e lembraços um cor
por desamorindo querente pedinte um nada a cariciência a
inexperiânsia

um derrape de renpe um nada cicatrazes no rasto
o rosto o restosto antipista a pasta de dantes o pão dor
mido o eu-me um nadar no nada, passos, a posta sorrinte,
a cara sangritante porrada um beijo-te

JANTANDO A FAMÍLIA

nesse instante ando noutra atrás de mim aos poucos
como os loucos que fui quando ninguém me era
por essa estrada a mesma onde caminho em cada
e cada passo meu é como um rastro de todos
    tosses, engasgos, e até um pouco de gosma
    numa selva de estrelas.
Ando noutra na mesa, quando eu mesmo me familiarizo
com pessoas cujas asas podadas cujas prendas
desprendem, sobre mim, um bafejo bacana
              — como coxas.

Tais pessoas convirgem diversam
entre elas vareia um rio de opiniões
e eu, que não tenho nenhuma, somente me lavo nessas brancas águas imundas
    eu abuso de ser humano
    e mesmo assim não me satisfixo.

Continuo entrementes nu, com meus dentes contínuos,
dentes dançantemente incisivos
como uivos comensurados.

SONO LIVRE

Cada vida na varanda
quando eu deito na morte
irmão das almas

Calmas caras caladas
olham pelo travesseiro de banda
que é a minha nuca

A calma das caras loucas
imprime sentido a tudo
olhos estrelados
piscam no travesseiro-cérebro

Durmo na grade
do princípio obscuro,
vou virando pedra e livre
vou virando um cisco

CRISTÃO DE IDADE

a máquina cansa disparada
nada um rio pelo quarto a harpa atola nos dedos
demos para isso ambos agora a máquina-fragata

vai bêbada como o meu corpo na chuva.

Sujeito a isto
sou aquilo que me olha
quando se, nela se parte
uma qualquer coisa vítrea, uma garapa de aço:

a isto, subobjeto,
sujeito insubordinada-
mente,
        com predicâncias;
sujeito, como um quisto no céu, a ser estrela
dizendo 33, eu que hoje anivercejo
entre o lampião e você

ROCK-ROCINHA

A gente rodava sobretudo no engenho:
a cana era uma água verde melada,
o açúcar principalmente doce.

De manhã o banho pelado,
a gente se ensabonetando aos bambus.

Os sonhos suados
eram basicamente os mesmos,
havia, no teto em trança, uma povoação de morcegos.

Sobretudo um cavalo
cavalava a gente. Uma nuvem avuava
e a terra, farinha quente,
era uma delícia espojar-se.

Sobretudo era principalmente bom não fazer nada,
não mexer nem zumbir, apenas enredar-se
            no ar fugitivo.

SECRETOVÁRIO

estou no estado tido como serei quando morto
perto e farto como estou não tenho tempo de ser
mas olho as coisas mansas como ursas sorrindo
quando não quero esse mundo nem mereço um outro

LETRA PARA UM TEATRO COMPLETO

Sei seiscentas lânguidas, porém desconheço
o gesso o âmbar as coisas límpidas
que nem lâmpadas no lugar da cabeça que nem essa
preguiça que me iça como se eu fosse uma ursa
ou uma garça que se espicha no sol.

Sei, de cor, o seio da casa a sala-estuário o rodeio dos cômodos
o ouro em pó no ovário literário
o vírus que come, com fome, os papéis e a mesa.

     Mas não sei,
ensaio,
a seiva que me silva num silêncio sem queixa
ou — quem sabe — essa acha de lenha.

LUZES DA CIDADE

A cidade está feita. A cidade está farta quinta feita farinha tijolo sábado
e domingo a cidade está sujeita a crescer e a vejo ora vejam com os
bairros e apólices petecas polícia se engastalhando até o céu do mel da
minha boca bocó ladrando

A cidade, lá com suas luminárias a vejo
a vejo como cidade, como uma cidade pode ser vista a varejo, com os faróis
    servidos numa concha odalisca
uma cidade como as outras com astros segundas & sextas
vejo agora a cidade ora vejam que ninguém nunca viu
exposta em postas tristes como as paredes paradas de um edifício sem cor

PAVIOLA

o que interessa — tão pouco — está no osso
como um ferro chiando enquanto voa
uma borboleta na sala;

    o que inter-essa não é nada disso
que está em cada e cala e talvez passe
como em meu corpo desanda uma avenida óssea

com suas luzes de carnificina;
    estar na terra, ou isso
que há no osso — um grão — é o quanto posso

quando longe de mim na borboleta que passa?
O que interessa — não, o que inteiriça
na dissolvência como um sonho em brasa

é pensar que me ponho, estando em terra,
num estado de brisa: e logo vejo
que mesmo isso é pura ilusão minha.

VALE

olha bem uma sobra olha só a sombra
e seus reflexos encara-calados os anéis de eus que olham
como bolhas d'água olha a madre selva ruiva
deglutindo-se perfeitamente sozinha

TRADUZIDO DE RENÉ DAUMAL

se me eis morto é que me eis sem desejo
se me eis sem desejo é porque acho possuir
acho possuir porque não tento dar;
tentando dar a gente vê não ter nada
vendo nada ter a gente tenta se dar
tentando se dar a gente vê não ser nada
vendo não ser nada a gente tenta devir
tentando devir, a gente invém e vive.

ANJO TIGRADO

poeta fino de temperamento participante muito impressionável
um dia dei de cara com o mundo
o mundo de quando eu era
um muleque avuador:
        caí no poço, de novo,
e vi cenas-avenidas com camas improvisadas num canto
aos trinta e poucos anos dei para cair em poços
com a mesma naturalidade com que eu chupava pitangas.

Vi dentes dantescos
no meu ombro aluado, já que então eu me via numa dança de caras,
e de cada lado meu tinha sobrado um retrato
todos meus todos lindos todos sufocantemente sozinhos:

num retrato eu catava
bocas; noutro um trem me despetalava; havia uma pose
        — essa menos fútil —
que me surpreendia no ato de ser orgânico em público.

Mas um dia cismei
juntei tudo e joguei fora:
fui pro mato
de onde só sairei como um tigre.

SIBILITZ

(1981)

A vida levada a sério
é o brinquedo dos adultos.

Karl Kraus

O DESDOBRE DAS BONECAS

Coelhos de colete e relógio já eram perfeitamente normais no universo sedimentar e convencional de Ecila, mas foi uma surpresa para ela (exclamou atônita etc.) notar que a mulherzinha de trança tinha a ver com seu rosto. A irrupção indolor da mulherzinha começou para Ecila na orelha esquerda, que ela tinha futucado um momento antes, pensando que era alguma cera o que ali havia coçado. Mas o que saiu desta orelha, como já se sabe, foi a bonequinha de carne, muito bem acabada, que desceu para o joelho de Ecila sem nem levar em conta o perigoso perigo, quando pulou da dita orelha para a curva do ombro, num rompante de cólera, correndo o arriscado risco de se espatifar no colchão.

A queda de bonequinhas em estofos naturais de capim não é forçosamente fatídica, mas Ecila estava muito nervosa e era normal que exagerasse também como os escritores. Em seu atônito rompante de cólera a auditiva aparição nem notou que no joelho igualmente esquerdo de Ecila havia uma perebinha nojenta ainda não cicatrizada de todo. Nisso que ela passou a jato por ali, decidida a abandonar pelo pé aquele corpo do qual tinha brotado, seu minúsculo sapatão de dondoca bateu na casca da ferida e ui que dor. A esse segundo acontecimento Ecila se arrepiou toda que nem uma galinha botando colírio (tomando água), pois eis que do lugar machucado, além de um pingo de sangue, saiu outra mulher igualzinha, só que muito mais calma que a primeira. Como ocorre em tais circunstâncias, a coisa começou a ficar séria, e Ecila achou que estava virando duas, como os esquizofrênicos natos.

Mas qual não foi seu espanto (de Ecila: o ego se antepunha ainda aos fantoches) quando um estalo (espasmo) dessa vez mais violento e sedante (sedativo e de seda, ou com menos fome) levou-a a perceber que a abertura de um calo, preguiçoso e monótono, já indicava em seu dedo indicador direito a repetição do fenômeno. Esse calo preguiçoso e monótono Ecila tinha feito na escola, de tanto copiar redações. O nascimento de uma terceira mulherzinha esquisita, para quem já tinha duas, não deveria de fato ser um fato (roupa) alarmante assim, mas Ecila ainda não tinha vestido (roupa, fato), quando olhou para o dedo, nem as fantásticas e anteriores aparições contrárias. Ela estava de pijama na cama quando começou tudo isso. Seu maior problema agora — daí o espanto, o estalo, o espasmo e a sedação — era explicar aos analistas, se a convidassem por exemplo para um anfiteatro, que de simples esquizofrênica nata ela passava fisicamente a ser uma maluca tríplice. A do ouvido, a do joelho, a do indicador (e pensou em colocar 3 pontinhos, um para cada qual).

— Só faltava me aparecer agora uma quarta — pensou no intervalo seguinte, vírgula, e como só faltava uma quarta foi esta naturalmente que lhe saiu do nariz, quando Ecila (alise) resolveu tirar (o pau agora) meleca para esquecer este assunto. Depois da auditiva, da joelha, da do dedo e da melequenta, a quinta mulherzinha do dia nasceu no antebraço de Ecila, usando a mancha de uma queimadura charmante para atravessar a epiderme. Da última vez que tinha escrito charmante, numa redação sobre a lágrima, o professor não sei por que lhe deu zero, ac(usando)-a de barbarismo nas pernas e provocação pelos olhos.

Cada mulherzinha de Ecila ia atravessando seu corpo, mas como se ele fosse uma montanha-russa sem nervos, e depois de escalar também o veludo, da colcha que a vovó tinha feito, sentava num cantinho da cama e ficava rindo. À primeira vista todas riam igual, mas à medida que a observação se expandia suas feições peculiares (a trança, o beicinho caído, o olho chinês empapuçado) adquiriam um certo brilho e só ele, como se cada qual resultasse de uma emoção única. A melequenta por exemplo tinha o riso da inveja, enquanto a sexta, nascida nessa quinta-feira às 6 horas — do buraco de um dente — e reduzindo desse modo a distância entre Ecila e o sábado, sorria com uma boca vindoura de esperança babaca. A sétima boneca parida, a mentirosa, já contava com um público considerável — meia dúzia de êmulas (reparem), palavra que até hoje não tinha tido feminino — e foi principalmente por isso que fez questão de nascer com modéstia à parte. A mulher-joelha, erótica e silenciosa, sorria enquanto isso com a linguinha de fora.

Foi aí que apareceu uma aranha carregando na cacunda uma grande estrela-do-mar.

Pelo método da associação compulsória, muito em uso e condenado para a extração de molares, coelhos, quistos, ilusões e conexos, Ecila lembrou então de duas coisas, que poderíamos esquematizar assim:

a) No sábado ela tinha dentista, e não seria nada fácil comparecer nesse estado; b) Se nenhuma de suas minimulheres parecia verdadeiramente uma aranha ou uma estrela-do-mar, era todavia inegável que todas elas mantinham com algum animal uma similitude. O termo, como também a criação desse esquema, foram propostos pela mulherzinha do dedo, cujo crânio de coruja erudita, bem redondo, dava-lhe a impressão sorridente de estar com uns óculos de tartaruga na cara. A primeira, auditiva e colérica, mantinha em seu cantinho da cama a pose de um gavião machucado. A mulher-joelha parecia uma coelhinha (again), uma salamandra, uma tainha-de-cetim ou uma gata, conforme o momento histórico que a fazia discretamente babar. A mentirosa parecia uma macaca safada, e assim por diante. Puxando o fio das comparações mais a fundo, Ecila conseguiu então ver que sua anatomia rachada — ela própria — era uma jaula verdadeira de pijama xadrez.

Era demais.

Acordar às 6 horas, para escovar os dentes e tomar um mingau, mas ficar em vez disso desovando bonecas, em questão de segundos e com o pente na mão, sem força para pentear o cabelo em face de acontecimentos tão loucos. Devia ser puro engano. Nem os dentistas trabalhavam no sábado nem as aranhas costumavam comer estrelas-do-mar. Mas então para que tudo isso? (dúvida indubitável de Ecila ao botar a testa na mão). Febre não tinha. Mas logo tirou a testa correndo, com medo de esbarrar noutro ponto crítico de onde por simples fricção lhe nascessem novas pessoinhas. Era melhor ficar com sono ou com raiva, ou com dor de dente, já que uma febre eventual não machuca e até faz bem para os olhos. Mesmo assim ela recebeu da aranha uma explicação razoável, quando cheia de coragem ou vazia de medo decidiu-se a encarar a realidade de frente e viu que o claudicante animal ia sumir sob um móvel.

Explicação que a aranha deu a Ecila, antes de desaparecer sob o comodismo da cômoda e decidida a encarar a realidade de banda, posto que a posição frontal lhe soasse heroica demais — heroica e rotineira como as gavetas em cima:

"É claro que eu não como essa estrela, mas carrego-a como uma cruz, apenas por questão de similitude. Ambas somos criaturas raiadas, com a divisão funcional assumida de maneira corpórea. Você também pode ser assim toda patas, toda cheia de pontas, pois Bleuler, o pai da Esquizofrenia (e padrinho de Jung), definiu sua musa odara e mediúnica como um desdobramento ou fissuração das funções psíquicas. Mas não pense que eu vou levar você nas costas, por causa disso. Como eu sou uma aranha, meu único correspondente é uma estrela, mesmo assim uma do mar, e minha, ao mesmo tempo, e mesmo assim ainda me sobra uma pata, que está mancando."

Antes de Ecila pensar que sua única correspondente seria a Branca de Neve (e as 7 anãs), um surdo rugido ensurdeceu seu suor e o tempo escureceu de repente. Parece que ia acontecer uma coisa. As pessoinhas atritadas e frictivas continuavam trocando sorrisinhos na cama, a qual porém se converteu numa região meio apática, sem grama, sem coqueiros, sem passarinhos. Ecila, ao contemplar este lugar, quis defini-lo com expressões corriqueiras, mas nem lençol diáfano, nem bolsão lacustre e muito menos pradaria alegórica (tendo em vista a ausência de vegetação) soaram-lhe como expressões adequadas para aludir à resolução das bonecas, da cama, dos problemas, dos seus infindos sentimentos andantes em termos de paisagem imóvel. Tudo bem. Isso também não era nada importante. As risadas camufladas não eram nada importantes, o dentista não era nada importante (seus dentes fariam anos no sábado?) e mesmo da aranha importuna ela acabou se lembrando com um desligamento notável. Começara na verdade por criticá-la em seus modos — "ambas somos criaturas raiadas", vejam só, e depois vai dormir numa botina velha, como qualquer aranha impregnada de veneno e mistério, — mas logo acedeu a seu lado humano e gozado, sob a cruz, seu bom jeitão de aranha manca com uma pata de sobra e mocassins sugadores. Somos assim, então, e tomamos na esquina a direção do momento. A respeito do lugar espaçoso (cama, coma, desafetação e mina interior de ninguém), a única coisa realmente importante era uma violência banal: ali, pela primeira vez em sua vida, deitada em cercanias lunares, a moça ia virar pelo avesso e se parir como oitava.

Virou — e foi rapidíssimo.

A bonecona una que nasceu desse parto, verificado normalmente entre as pernas, comeu sem choro as outras todas, empurrando com a mão os pedacinhos mais duros, e depois foi digeri-las na área sob uma frondosa mangueira. Tinha o mesmo tamanho da matriz anulada, 1 metro e 68 por 63 de cintura, e por mera coincidência se chamava Ecila também.

UM CACHORRO DE ÁGUA
E OS SENTIMENTOS ATÔMICOS

Bumba os edifícios caindo paredes inteiras desmontando como fatias de gelatina molenga buracos devorando automóveis e navios começando a voar ao lado de manequins destripados de cabeleira ruiva ruídos abissais fumegando em torno policiais mananciando emanados com os últimos cartuchos da lei e o primeiro laser de combate apresentado aos ministros que também porém inapelavelmente evolavam com sua sapiência, suas cortes, suas falcatruas medidas e o descompasso doméstico das ninharias grandes aves de sal petrificadas perto de pequenos e preciosíssimos relógios que não marcavam mais nada e dos quais saíam parafusos exangues filetes contorcidos de macarrão chamuscado rubis devoradores de ambições arcaicas explodindo bumba as torres da central sindical bumba o carnaval patronal bumba o silêncio angelical dos monges que haviam resistido porém e sobretudo os corredores corroídos da politicagem vaidosa das ratazanas cegas em seus feudos de mola, seus mágicos cabriolés que apontavam para o poder de outrora explodindo também na grande lava geral com os bonequinhos.

Os últimos bombeiros atômicos atônitos com pimpinelas sagazes que tinham vendido todo o espírito de suas pernas bonitas para descentralizar a ilusão até os banheiros e a água, quando ligaram as mangueiras, virando uma gasolina grossa de porra solitária fantástica que ainda botou mais fogo nos buchos com cheques de valores lingotes cadeados portões senhoriais derretendo gerentes finalmente gemendo mas também carregados pelos colarinhos aflitos tentando carregar sem poder os malotes amarelos de ordens virando cinza e subalternos finalmente virando múmias libertadas no céu.

Sorrateiras pastas acadêmicas dentifrícias endêmicas surpreendidas com o êxtase do fogaréu em pedaços porque estavam acostumadas há séculos a contribuir para o progresso e a armazenagem de sabedorias ilustres sob o cangote fedorento dos ursos que, junto com os elefantes do zoo, amarrados e balançando a cabeça, iam também para o beleléu com as tradições da pátria e os gloriosos simpósios que estabeleciam verdades, jantares de verdade em louvor, ratinhos inoculados de raiva para variar de brinquedo.

Bumba os romboedros da análise com seus inúteis remendos referenciais momentâneos beliscados de chuva bumba os quadros que rachavam nos ângulos como coriscos desenlatados abrindo trilhas fumegantes gasosas por onde as soluções escapavam de toda segurança e consolo bumba o pelo sedoso da tranquilidade postiça com sua geometria parcimoniosa de planos esperança abúlica triângulos que não teriam conserto porque seria um desaforo um ultraje admitir suas pontas invisíveis tangíveis movendo o rodopio frenético das possibilidades aqui, ou lá, ou nunca, quando a própria concepção das figuras se desencadeava ou desengavetava num jorro tipo forró de fim de guerra com garras hipotéticas apunhalando cacos de espelho mãos abandonadas sem dono abanadas por um vento sem eixo e que também já não ligava para as lamentações pessoais que inutilmente tentavam realçar as apresentações tão ínfimas.

Eu comecei a me sentir muito responsável por isso. Os túneis viravam pelo avesso largando lascas em chamas e de dentro do vazio total que eles assim definiam saíam as maquinações eletrônicas com válvulas engastalhadas fatídicas que agora estavam computando somente para o lado do erro. Milhares de tonéis flutuavam esperneavam colidiam minguavam como vacas infláveis de cujos ventres decepados por aviões em pane eram cuspidas as travessas do quilo as comidas métricas as luvas do lucro e o verdadeiro capim oleaginoso da civilização viril: o suflê dos dedos dos trabalhadores sem terra. Bandeiras rangentes ardentes zangadas rasgadas. Pudins vulcânicos efervescentes de munições ocultas. Pasta incandescente de tubulações espremidas. Olhos alarmados dos rebanhos de bustos que a glória dos pedestais atirava como bujões de gás à deriva. Foi então que eu comecei responsável. Muito. A-me sentir. Como se a guerra sentimental dos planetas pudesse decorrer simplesmente de uma confusão nos meus fios.

Comecei a fazer o que eu podia cá dentro que era amar e sentir a criação de um repolho cujas orelhas intermináveis acamadas ouvindo eu calmamente amamentava com cocô de galinha e água do rio. Mas com muita violência eu tentei entrar numa pedra que não queria quebrar-se. Para fazer omeletes com a loucura dos outros também quebrei com violência ou desprezo a casca transparente sutil do ovo das vírgulas. Então pensei, é na tela do mim que está passando esse filme, no palco dos desejos pessoais que faz uma separação entre outros e esse é que a engrenagem dos grandes estilhaços começa realmente a degringolar.

Havia um ponto de harmonia pé no chão cabeça vazia coração

pausado sorriso desprendido sem vontade nenhuma mas entregando o pouco que se pode colher plantar o pouco que se pode crescer olhando os sentimentos passarem como eles são na realidade um pudim paredes de gelatina tonéis de identificação e apego movidos para voos estranhos pelo motor das profundidades noturnas. E havia um ponto de parada cansaço congregação de hábitos que pegava o pequeno homem distante capaz de liquefazer o mundo inteiro na sua respiração generosa e o colocava dentro de si mesmo como um passarinho sem asas.

Asfixia dos sentimentos mascarados que iludem. Cortinas em cima de cortinas em cima de cortinas que tapam a ferida que também não existe mas aparece contaminadamente doendo em jorros laterais homicidas ideias a impor posições a conquistar para continuar se iludindo sem rasgar esses panos e partir ao encontro tonto sem dentro nem fora de qualquer acontecimento imagem mover de patas no despenhadeiro da simples presença ocupação circunstancial de um lugar em frente de alguém que se enxerga em nossos olhos e ri fabricando a paz de dois cachorros latindo devorando uma cobra sem bem nem mal.

Existe um acordar relativo para longe da máquina de hábitos que se estraçalha e lacera desejando. Momentos. Rupturas modestas colossais em que o próprio corpo se desmancha em moléculas centelhas grãos de farinha línguas recém-nascidas de alface e vai por aí como um cachorro de água farejando escorrendo se lixando penetrando nas salas vazando invisivelmente pelas brechas como um cachorro de água pode acontecer de fazer porque ainda que o rejeitem ele senta num canto e acaba finalmente tomando a própria forma do ambiente em que está.

Existe a possibilidade água num cachorro de letras para apagar a discórdia que começou sem razão e a razão instituiu em palanques de construções mentais passageiras convicções pontos-vaidosos-de-vista para incutir na musculatura do outro e perder o melhor da festa que é saboreá-lo se dando não pelo que é dito ou pensado mas pela refração dos vários ângulos que incidem nessas diferenças gozadas gozando semelhanças.

Um cachorro de água é um bicho à toa é o momento melhor de um bicho à toa é a doçura da condição masculina é difícil realizar com doçura a condição masculina é a força do silêncio auditivo estagnado construindo aberturas é a água da vida é muitas vezes o cachorro da esquina botando uma lagartixa sem raiva na cabeça do opressor oprimido é a bomba que explode para dentro e apaga os sentimentos atômicos na capa de locomotiva maluca imposta pelo desempenho aos atores é a raiz escandalosa da chuva que lava o pó-de-arroz das fachadas é um cachorro de sangue que até por certo não tem patas mas anda desanda subverte porque espera sem nenhuma esperança é um bicho extremamente rebelde por sua passividade sofrida é um coração com portinholas rachadas sem predomínio de verdade ou tendências não são metáforas nem facas nem maliciosos anzóis para tua boca é um cachorro interminável que tem prainhas de areia na orla do seu curso gratuito e de repente é você seu jeito seu sorriso pé varanda sexo sandália e tudo solto sem parafusos de vidro anticontagioso para armar prateleiras de suposições é foda.

Bumba é foda mas é isso enquanto o resto cai de podre e as consequências dormem.

PASSAMANARAGEM

O passado — que não existe — é talvez
minha única invenção gloriosa. Por ele eu crio algumas linhas
        que me iludem na dissolução
        da hora presente sem finalidade.
Por não lembrar de mais nada, exatamente como foi,
        eu falsifico uma pessoa
        que tende a ser melhor do que eu sou
        e a agir brilhantemente
        em qualquer aperto.
Minha ideia de mim é como a história
        de um país que se idolatra em seus mortos
        enforcados ilustres.
Afirmo ter estado nas paisagens do armário
        que sonhei ou são
mas não encontro jamais uma das caras possíveis
        por essa peregrinação da cabeça
        em minhas sendas.
Só a hora presente é o meu país sem progresso
        e sem grandeza.
        Só as aves entendem
        o que estou olhando ao longe
        sem pensar mas sentindo
        minha insignificância perfeita.

O BURRINHO E SEU BURRO

Boa parte da população estava na vendinha da praça quando depois de muitos anos de ausência o homem retornou ao povoado de origem com o mulo falante. Havia um clima de grande excitação e era provável que soubessem antecipadamente de sua vinda, porque todos pareciam fazer preparativos. Umas mulheres entravam e saíam carregando coisas e pratos pela porta atrás do balcão, que estabelecia contato com a moradia nos fundos, enquanto os homens conversavam fiado, como acontece normalmente nas vendinhas da roça, mas cada gesto e cada frase traziam uma ansiedade incomum. As crianças pulavam com alegria esbarrando sem piedade nas pessoas adultas e levando ocasionais petelecos antes de escapulirem para a rua por uma das duas portas de entrada que estavam, ambas, parcialmente encostadas, em mais uma indicação inequívoca de que ali dentro se tramavam grandes comemorações ou eventos.

Por uma dessas portas surradas foi que o homem chegou lá pelas tantas com o mulo. O dono da venda era uma espécie de líder da comunidade e logo se adiantou para recebê-los, mas não disse nem um simples bom-dia nem fez nenhuma saudação à altura do glorioso fenômeno, e os fatos a partir desse instante se tornaram muito imprecisos, porque as pessoas se encostaram nos cantos em atitudes de total reverência e o nervosismo chegou ao seu grau máximo. O mulo estava lindo, lavado e muito bem escovado, gordo, com cascos reluzentes e preciosos arreios. Mas seu dono, que nunca montava no animal, estava em petição de miséria, depois de o ter puxado pelo cabresto por todo o caminho longo da volta.

Só a hipótese de que o dono da venda e o dono do mulo, como o próprio animal maravilhoso e, numa escala decrescente e variável, as próprias pessoas do lugar, fossem projeções ou parcelas da mesma personalidade, só essa hipótese, sim, poderia explicar o que se deu em seguida. Para o desespero de todos, o mulo não disse uma palavra, ficou imóvel junto da mesa de sinuca como um burrinho cinza amuado, embora na realidade do sonho ele fosse branco e lustroso. Evidenciou-se a essa altura que o que estava acontecendo na venda eram de fato preparativos para uma celebração bem maior: o plano era saírem dali, em comitiva, levando o animalzinho falante que tinha feito tanto sucesso nas cidades até a nobre residência da autoridade local, que ficava meio afastada do centro.

O dono da venda e o dono do mulo discutiam agora aos berros e todo mundo estava com uma cara idiota de decepção muito grande. Menos o obstinado burrinho, que continuava espiando ao redor sem se mexer nem falar, com seus olhos enormes e inteligentes, e que aproveitou a confusão reinante para escapar pela porta esquerda encostada. Mas o homem saiu em disparada atrás dele, conseguiu pegá-lo ainda perto e de novo o trouxe para dentro da venda.

A discussão foi retomada e se arrastou com tal veemência que ninguém mais ligou para o burrinho de pelo branco e olhos enormes. Formulavam-se hipóteses sobre o quietismo do bicho, uns diziam que era melhor ele descansar primeiro, outros garantiam que a autoridade já devia estar uma fera, e as palavras trocadas foram ficando cada vez mais rudes, envolvendo todas as cogitações e paixões.

Foi então fácil para o burro, que se retraíra até quase a invisibilidade, deixar que os homens se desentendessem sobre sua existência e pouco a pouco deslizar para fora pela mesma porta de antes. Não houve dessa vez quem desse pela sua fuga e só bastante tempo depois a cara idiota de decepção das pessoas dessa personalidade inconcreta tornou-se profundamente maior. Mas aí o burrinho já estava longe, muito longe, descansando de tantas aventuras e mergulhando num claro açude no mato em companhia de uma linda mulher que estava nua e com a qual ele conversava no mais perfeito e apaixonado francês debaixo d'água.

KOISAS DA POLÍTIKA

Marcar a hora das visões equilibristas que desfiguram castelos de entrar para comprovar por si mesmo a escuridão que um isqueiro risca esquecido distraidamente enquanto as pedras ruborescem como se no interior daquele horrendo castelo de ponte levadiça e ameias góticas realmente habitassem os fantasmas mais temerosos que a essa hora caminhavam grudados no corrimão da escadaria central por onde sua majestade subia levando o cetro e o copo de veneno, digo, a taça de vermute que em determinado momento havia de ser sorvida na alcova por um outro personagem sisudo que ali penetraria na calota da noite enluarada que lembrava um quadro francês de Watteau talvez com meninas de babado balançando no parque e lá dentro do castelo a carnificina talvez e o sacerdote arrepiado tomado (pelo vinho) em cima do baú do tesouro encalacrado com o selo imperial e tudo mais que o conde desviou para a amada e os conspiradores queriam tomar de qualquer jeito também pois constava que havia algumas pipas do bom ocultas do invasor nalguns pontos e uma almofada à luz das tochas mostrava as pernas de um piano e a bunda de uma cortesã pois sua alteza continuava dando seus festins e não contava com a ira desmedida da plebe mal aquinhoada que entrava pelas gretas do quadro enquanto o cupim daquele tempo ia comendo a moldura colocada sobre um móvel tipo bufê no qual havia um pequeno espelho para o triunfante escorrer e papar por sua vez a papa-fina do castelo do esquartejado poder simbolizado pelo espaço solene e o rio divisório que os piratas transpunham como autênticos bonecos da dinastia seguinte.

XISNADA

nos intervalos é que está a centelha
que acende por exemplo entre duas caras se olhando
num bar ou entre a cara terceira
que aparece derretidamente no espelho atual
do langor matinal de eu também estar a intervalos
como entre o de ter tomado café e puxado um carro
de pedras, em cujo chio prolongado eu percebo
essa mesma intuição de intervalo a que aludia
ao referir-me à hipótese das caras medindo-se
na simples casualidade de um encontro ou esbarro
ou mesmo de uma foda onde a compenetração é maior
e por isso a diluição inevitável e doce
já que é por esse intervalo do silêncio em comum
que ambos vazamos pelo olhar de nenhum
e assim desaparecemos como um lençol.

AFANASY NIKITIN

Outra viagem a pé. Ele continuava com a intenção de fazer, para o Mediterrâneo, quando encontrei Afanasy Nikitin em Hamburgo. A calma de viajar assim o transformara num homem completamente de vento, e mesmo — quando ele desanuviava bebendo. Foi por isso que Afanasy não bebia muito, e quando precisasse corria mais para o porto. Aquela mesa cor-de-rosa com as três mulheres de verde tinha um cheiro de pó-de-arroz vagabundo e no entanto como sair dali com uma enciclopédia no bolso, para ler num banco, numa praça, como regressar ao ar livre onde o próprio movimento dos pés é uma grande festa? Afanasy era a completa necessidade satisfeita de sair andando sentindo experimentando cansando e levantando de uma pedra para o mergulho infinito. Mas é claro que ele não tinha dinheiro, nem mulheres, nem imaginações fabulosas, nem destino. As próprias bochechas eslavas de Afanasy não obedeciam ao modelo comum.

Era um homem completamente de vento e com as pernas compridas, sentado no fundo do cabaré para contar histórias. Era por isso impraticável dar uma conformação ao seu rosto. As marcas da pele, marcas de chuva numa nuvem, cara de estrada desorganizada batendo pestanas vegetais com poeira, gosto de macarrão chinês no olhar marítimo de muitas jarras de vinho. Ele era um grande aventureiro indormido que tinha atravessado montanhas. Tinha saído do coração da Rússia para percorrer a Europa inteira. Eventualmente assim com pó-de-arroz no nariz, bebendo numa caneca de estanho, ele parava para descansar um pouco. Os galhos pingados dos seus braços caídos pareciam poleiros de passarinhos tristes, assim como em seu ombro caloso parecia viajar um falcão soberbo.

Quanta retórica Afanasy nos olhos-mudos de Hamburgo depois de um fim de tarde chuvoso, quando quanta canção e ninguém pergunta, certas cortinas de salão, pisadas originais em pedras seculares, princípio de uma história que não tem. Continuidade das coisas acontecendo na imprecisa e deliciosa mistura de tempestades e humores. Para Afanasy que já tinha dormido em grandes montes de feno, para ele que já, entre armaduras, hóspede de dormitórios medievais, pelo mar um misterioso respeito, mas dormido também na areia e tendo simplificado a cama para a noção primordial de cansaço, onde o sentisse, caindo de

126   Sibilitz

qualquer maneira em cima de quem fosse ou ninguém. Um indormido aventureiro que subia e descia escadas com sua retina reticente carregada e vazia. Presente aos menores gestos do mundo, com a ponta da botina manchada esfregando por acaso na canela da roxa.

Os principais objetos do culto dos viajantes a pé são a visão e os olhos. A botina e os dedos? Objetos do culto. Em cima da mesa não havia talheres. Ninguém ia jantar no cabaré uma sombra de suas cogitações com ovos fritos. Local. Aqui é basicamente para estar. Mesmo que a brisa marítima fosse para Afanasy uma novidade, ele era terra, coisa, folha seca de sangue, pura continuidade espontânea da eletricidade congênita. Afanasy já tinha carregado sacolas com pergaminhos e brochuras monásticas contendo altas sabedorias da Ásia. Tinha estado num Teatro Só Para Loucos, como o lobo-da-estepe, e no interior de uma pensão em Varsóvia (Berlim?) comeu as teclas de um piano e depois a filha da dona. Não que ele tocasse divinamente, mas a senhora continuou fazendo tricô e Afanasy era um homem delicado a quem a expressão "comer a filha" soava profundamente chocante. Passaram para o quarto contíguo, com a mesma naturalidade dos pequenos rios com pedras.

Depois de carregar as sacolas foi que ele começou a simplificar. Afinal ele era um homem de vento e tinha começado como qualquer um. Nasceu e andou e parou para coçar a cabeça. Aprendeu pouco a pouco a respirar no caminho, olhando a dança de sua sombra, ramas que penetram no rosto, pingos de orvalho, mordidas de animais violentos no pescoço inimigo. A calma de Afanasy tinha evoluído na participação desmedida entre todos os seres e as coisas que naturalmente acontecem até a eliminação do espanto que no entanto continua e não chama assim. Essa espécie de espanto que passa a ser uma conjugação maravilhada rodando que faz da separação entre objetos e eu uma colocação absurda. Ele não tinha propriamente um culto, ele era um ser ritualístico passando a mão na poltrona.

Alguns cabarés de Hamburgo costumavam ter um mobiliário principesco no qual as três mulheres sentavam (também) diante de canecas de estanho e, na parede ao fundo, um mural erótico; o homem dos pássaros talvez chamasse Leporello; havia um quadro em cima de alguma coisa que parecia uma vista de Veneza.

Largando-se tornado parte da possibilidade que se articula. Tendo entrado para uma rotação de esferas. Onde tudo vai desmanchando calado se reconstruindo. Passos. Obstáculos. Fusão de passos e obstáculos na circunstância de areia. Erupção cutânea da cama que boceja.

Dissolução dos vínculos pessoais no sono cósmico. Intuição das vogais que entram para aliviar a tensão com alguma coisa falada na hora da divisão do silêncio em metades solitárias iguais, ponto. Ponto perdido da trama perfeita que não admite definição sobre ela.

Afanasy já estava acostumado a dormir, mas a paixão, e o braço dolorido amparando outro corpo, a toalha de banho, e a enciclopédia, uma luz esquecida, tinha arrancado e jogado fora as páginas que tinha lido, e agora para simplificar uma botina roçando, a ponta musguenta de uma pedra felina tomando sol que entra por acaso num cabaré e senta, dobra no joelho o jornal da época, lendo a notícia dos barões e das descobertas. A ponta de uma pedra.

O pedaço de uma barriga. O afago da vegetação. Os detalhes do mural erótico na lambida (mais uma) do vinho sonolento repartido contando casos. Rindo muito de alguma cicatriz ainda. Com aquele velho respeito pelo mar que ele tinha. Qualquer hipótese de qualquer coisa em qualquer momento tomado. Era impreciso porque estava à distância, podia amarrotar seus sentimentos e ficar bem.

Porque o mar e as mulheres tinham a causa primitiva dentro, e nessa navegação ia tão fundo.

Podia ficar bem. Podia, sem apego, tirar cada pedaço colocado nos ombros, sentar cada boneco no colo e falar com paciência com eles. E isso não era exatamente o seu processo comum, porque — para explicar — podia botar os sentimentos, a causa primitiva dentro, amarrar bem o saco e jogar nas ondas. Se precisasse mais ele corria para o porto e buscava. Ainda não fizera a navegação por navios, mas estava de pé.

Alguns cabarés. Costumavam. Espelhos iluminados. Corredor para trás. Planos de organização do estabelecimento num ritmo que contenha a sensualidade local. E ali dentro, sem espanto, um pedaço da barriga de Afanasy Nikitin sorrindo, passando a mão na poltrona sem metafísica e sem medo, pedaço de papel arrastado folha seca de sangue lâmina nebulosa raspando os pelos com a mão conspiração do éter na possibilidade instantânea de meter o dedo ali dentro dentro muito longe revirado com olhos reflexivos pendentes e o organismo devidamente imantado numa sensação de borracha, boa para deitar em cima. Tanto faz para ele que esse corredor e a barriga, uma queimadura na barriga, a mão da mulher na coxa com tapinhas, choques repetidos de fingimento e tesão, pendurado no cabide das circunstâncias com a solução de um problema, e logo a seguinte, a tabela de indicações progressivas que levam à brotação de uma coisa, a sequência do caos com sua lógica fria, de pé no chão e a cabeça explodindo como uma banana com mel.

Afanasy Nikitin saíra do interior da Rússia para percorrer a Europa a pé e passaria provavelmente por Colônia à cata de um impressor para suas memórias. Ainda que não chegasse a escrevê-las ou que as resumisse numa frase perdida, por aqui passou o ator, aqui ele desatou imensas cabeleiras aquáticas, fez e aconteceu a caminho.

Ainda que as memórias de um homem, no momento em que virou borboleta, arriou no travesseiro, tudo isso, ou nada disso, porque tivesse e não tivesse importância, ou com o queixo bem solto para as salamandras chegarem, pararem, fazerem ninho, capaz de homem capaz de pedra capaz de continuar com 20 anos e um capuz de pirata, brincando com memória nenhuma, respirando para fora a paranoia intrometida. Não me atrapalha o passo. Que as memórias de um homem, ainda que, como estava lá com as raízes de árvore fincadas na plantação da barriga da mulher devorada que o servia para os deuses numa bandeja, como estava com as fagulhas de neve que tinham penetrado no sangue e acendido o lume, brincando de fazer um boneco, ou um desenho, A Mãe Primordial, um troço rabiscado no absoluto luminoso de um lugar cabaré, estradinhas e atalhos para o corredor, minutas, atos--fatos e oportunos, contatos, bifurcações.

Assim fazia Afanasy Nikitin. Dizem que assim ele passou por numerosos países. Talvez tenha chegado às primeiras ilhas. Há controvérsias. Nem todos chegamos — além da conversa — à conversão no outro pelos olhos. Nem sempre estamos prontos a subir no galho mais alto e ele também não era um super-homem. Mas comia bem, dormia bem, olhava muitas coisas ao longo do dia, com atenção e curiosidade. Seu modo de ser era tão didático, a esse respeito, que ele até desapareceu de vergonha, deixando que o redescobrissem na primeira curva da estrada. Na primeira camada de oportunidade dos ventos ele punha uma asa, transpunha-se, deixava imensamente de se sentir um fator. De fato: um ator de fora. Pura inconsequência da sucessão primorosa.

ARROZ DE OLHOS

As pessoas então estão voando encantadas, não convém estacionar sentimentos, é inútil querer sugar numa esquina os rostos provisórios, apenas o movimento contínuo se estabelece. As pessoas têm olhos, braços, barrigas, omoplatas, usam determinadas cores na aparência e no entanto não se formam completas, você existe na melhor das hipóteses como se fosse simplesmente uma brecha na qual as outras energias se enfiam. As pessoas se participam e anulam no calor dos encontros. Depois, retornam aos seus casulos de hábitos e ficam se apegando a impressões. Ela tinha de fato olhos incríveis. Mas, na melhor das hipóteses, você agora está fritando esses olhos na panelinha na qual esquenta o arroz do jantar. Um pouco mais tarde, quando você for acender um cigarro, os olhos comestíveis de arroz se tornarão indigestos, angustiantes, problemáticos, transpondo o espaço da janela como um cordão de fumaça.

Veja de noite: as pessoas então estão voando compostas. Ela, ele, os inimigos, parentes, árvores sexuadas em chamas, um pedaço de braço de automóvel passando raspando velozmente nos dentes, a vizinha te dizendo bom-dia com a boca transformada em anzol. Um leque de caras — e não há escolha. Você no máximo percebe que está entrando, gozando em outros organismos, desaparecendo, sumindo dessa ideia diária de existir um você. O arroz de olhos passeia agora em sua boca com realidade bastante, mas não é uma realidade nostálgica como a de ficar à janela mastigando lembranças: é a realidade do prazer, que devora todo mundo e não pertence a ninguém.

As pessoas em suma não existem. São fragmentos. O que também não é verdade porque assim pareceria que as pessoas são coisas. Elas são articulações hipotéticas onde a energia ambiental se polariza e encaixa. Você pode se contentar com a forma estática em uso, considerar-se em segurança num blusão colorido, reconhecer detalhes desse corpo como a pinta no ombro, plantar na cabeça objetivos aéreos e achar que sua pele oportuna é uma fronteira, que existe entre um dentro e um fora essa homogênea separação protetora. Você pode também pegar pessoas na mão, supondo entre as partes que se tocam alguma solidez confortável — a harpa dos dedos e a valsa dos músculos, o sorvete canibal de um joelho e as dobradiças da língua. Mas tudo isso desmancha de repente quando você penetra fundo e é comido sem dor. Agora não tem ninguém definido por objetivos, detalhes, referências, explicações consoladoras do espelho sobre a forma estonteante e banal que estaciona em seus olhos.

Aliás não tem nem olhos agora, há estilhaços de uma visão unitária que inclui milhões de você, todos os encontros possíveis de todas as paisagens e caras, animais, vegetações, músicas, intenções extintas e vulcões diabólicos. Um rio que não é bem um rio, mas apenas a sensação corajosa da fluidez universal incessante, parece navegar nas escadas, nos escombros, nos móveis, e a mesma chuva de partículas alimenta as representações transitórias que por simples conveniência mental você nomeia de parede ou de pele. Tudo isso e nada disso é agora, quando não há supremacias nem trancos, obstáculos nem visibilidades, garras para iludir o vazio nem lâminas de recordações deslizando para embutir-se eventualmente entre o que eram costelas. O que existe nessa hora não são corpos tangíveis, é um monte fenomenal de areia elétrica que vaza em sucessivas cortinas e jamais se deposita numa construção exclusiva.

Finalmente você parou de pensar.

CIÊNCIA SAPAL

Quando eu fui para cima tinha um sapo na estrada.
Eu achei que ele estava muito achatado.
Quando eu vim para baixo o sapo tinha
mudado de lugar e eu achei ele muito
normal. Entre estas duas convicções tive medo
de existir um sapo, ou melhor, de ter sido eu
o culpado pelo sapo achatado
que eu poderia ter esmagado com o carro
quando isso não aconteceu como se viu depois.

JUSTIFICAÇÃO DE DEUS

o que eu chamo de deus é bem mais vasto
e às vezes muito menos complexo
que o que eu chamo de deus. Um dia
foi uma casa de marimbondos na chuva
que eu chamei assim no hospital
onde sentia o sofrimento dos outros
e a paciência casual dos insetos
que lutavam para construir contra a água.
Também chamei de deus a uma porta
e a uma árvore na qual entrei certa vez
para me recarregar de energia
depois de uma estrondosa derrota.
Deus é o meu grau máximo de compreensão relativa
no ponto de desespero total
em que uma flor se movimenta ou um cão
danado se aproxima solidário de mim.
E é ainda a palavra deus que atribuo
aos instintos mais belos, sob a chuva,
notando que no chão de passagem
já brotou e feneceu várias vezes o que eu chamo de alma
e é talvez a calma
na química dos meus desejos
de oferecer uma coisa.

DOM QUIXOTE DE LAS LETRAS

Devo estar pertencendo a outro planeta. O do Silêncio. E no entanto essas palavras me mordem — exigem passar para fora. Escrevo obedecendo a um registro. A fala que me conscientiza já é estranha totalmente à ideia habitual de quem sou.

Dom Quixote de las Letras passava pelas redações e ditongos levando seu calhamaço de urros. Chegava à Editoria dos Ditongos, espiava. Via os moinhos da informação fumegando e não acreditava. Mas erguia, com um urro raivoso, a Sua Pena. Com um urro manso cumprimentava. Ninguém podia imaginar nem eu. Mas é verdade.

Na cabana onde Dom Quixote escrevia havia um coelhinho do mato que vinha o visitar com frequência. Nas grandes noites de Derrota o coelhinho sentava numa pedra defronte. Olhava para ele como um Coelho do Mato pode olhar.

Parece que isso aqui virou máquina. Tem coisas que pode, coisas que não pode, fios invisíveis ligando as grandes pás do moinho. Dom Quixote transgride, provoca, estaciona numa orelha e deita sua falação automática. De repente o espírito do local o possui. Mas de repente também ele retorna à sua e é o coração navegando sobre seu cavalo hipotético. Vê ao longe as bandeiras da proibição trepidando. Desgoverna-se um pouco, mas avança. Sente-se o próprio espelho do Homem com suas lamentáveis esporas que parecem medalhas que parecem ventoinhas malhadas e caldeirões de bronze. Como um Perfeito Cavaleiro Armado, o herói Dom Quixote — de las Letras — volta-se para o glorioso passado e recicla situações quixotescas que ele mesmo, sendo quem é, retira de velhos relicários onde guarda os Bilhetes.

Posiciona-se, p. ex., ante determinados palpites e arrisca sua navegação palavral pela língua terna e cansada. Poderia dizer umas Verdades, mas já é tão tarde, e depois esses grilos, esse choro, é melhor dizer ui! Claro que as Exclamações são permitidas ainda. Como também não é sensato deixar de reconhecer seu Direito. Mas por enquanto, não seria melhor questionar se, sendo ele Dom Quixote, necessitaria ou não de um parceiro? Xanxupança estava consertando uns arreios da Terra do Brasil recém-descoberta quando olhou pelo retrovisor do seu mulo e viu um Guarda. Pronto, pensou em seguida, aí vem rabo!

As Exclamações — ainda — são permitidas. As ponderações, também. As cogitações sobre o futuro, idem. Mas o dado concreto da Pessoa Presente, e era isso que Dom Quixote apontava, estava muitas vezes ausente. O Editor de Ditongos, coitado, ficava aparando os golpes do louco.

Dom Quixote de las Letras passaria naturalmente por louco face a um milhão de comodidades em voga. Não gostava de pentes, por exemplo, nem de ventilador. Gostava de sentir de perto as pessoas, por isso perdia frequentemente os jogos e não assaltava, era um Dom Quixote assustado que escutava corujas, também.

Ou de repente a situação da coruja e calar. Entidade presente numa luminosidade ímpar e tão depressa. Impreciso dizer. Estar. Sentir-se locomover como um urso portátil que se desdobra e — ponderavelmente — não se suicida.

Dom Quixote de las Luchas era também no fundo um gozador e também um grande sofredor e também um dileto e bastardo filho das hesitações e do acaso. Vacilava como qualquer cidadão, investia por necessidades distantes. Era comandado como as coisas são num rodopio de astros corriqueiros que muitos filósofos de antigamente chamaram de aparências do mundo.

Eu sei que é difícil dizer isso, dizia Dom Quixote sem traço, mas você vai concordar comigo que a gente faz confusão. Já era noite. Era hora de acordar e afiar as unhas de novo, porque O Mundo — sua grande namorada — estava completamente maluco(a). As paredes estavam brancas de novo, e exigiam uma pichação caprichada. Era de manhã. Era incrível como o sono passava rápido, e no entanto em camas das totais profundezas, cenas completamente antecipadas como um suspiro contente. Ui, dizia Dom Quixo.

Te quero como qualquer criança. Com a pureza de Xanxupança dormindo e esse momento além dos sentimentos (mas não sem sentimentos) que é mais ou menos sair de cada um deles como a meia sai do sapato. Naquele tempo de outrora as indumentárias complicadíssimas exigiam grandes malabarismos para se vestir. Usavam-se monumentais espelhos mas a Humanidade era a Mesma.

A consciência crítica sobre a Humanidade e a Mesma não acudia a Dom Quixote como acusação nem defesa. Nem era propriamente uma Consciência Crítica assim com essa importância toda. As coisas doíam, sim, mas até um ponto. Dom Quixote não podia afetar uma sabedoria nenhuma, mas era clássico que ele deitava na sombra, matu-

135

tando, passando pouco a pouco do seu confuso interior para a serenidade das árvores.

Bonito. A consciência crítica não era nada importante, as árvores não eram nada importantes, nem as vírgulas nem as cataratas, mas para chegar à grande evidência ele era assim desse jeito. Agia muito, por isso errava muito, e gostava de estar cheio de sangue para existir todinho. Assim.

Só o louco pode ser ponderado, dizia Dom Quixote com as folhas, porque ele passa para a vontade do outro. As paredes caem como se fossem de um papelão diáfano ou então de um material cósmico invisível. Podia manejar a Sua Pena y viver esse momento sin compassión, perfeito/imperfeito que navega no astral. Nada. Concreção e dissipação simultâneas. Ondas eventuais e longíssimas que explodem na formação de omoplatas, pessoas completas, tanques de guerra ou de lavar roupa.

Assim, quando tirava sua pesada armadura, Dom Quixote de las Letras chegava à situação quixotesca de espantar um mosquito antes de coçar a nuca e pensar. Sentir que o pensamento aparente é um detergente casual que se dissolve na água, revelando as Coisas. Novas aparências que se dissolvem também, revelando as bruscas encadeações e o sossego. Ui, que momento bonito.

Bonito. Ou então lindo. Papai Goethe pediu que ele parasse um momento. Como alguém, na metade da vida, para e se divide em laranjas. Em dois companheiros que de repente desaparecem também e em seu local surge uma transparência que é a mistura de uma montanha serena com um vulcão pipocando. Assim. Cheio de sangue, vazio, cheio de algodão, e completamente desmemoriado também. Nuvem, farofa das circunstâncias, bolero e tico-tico.

O NÃOTÔ-MADOSE

Destaques. Botoques. Documentos
    medicamentos presilhas
unidade semântica dos
segmentos afetivos falados de qualquer maneira
por qualquer pessoa
dentro das circunstâncias que me
fazem, que parecem fazer meus braços
tocando o pandeiro de uma piedade geral, meus beiços
caindo de inveja babando de desejo sorrindo
até sem mágoa certas vezes, meu estro
brutal e doméstico de não querer convencer
ninguém: nem mesmo a mim.
      Aceitação
e tudo que já disseram assim. Meus braços
parecem ser alguma coisa chamada
meus braços. Ninguém parece mim e no entanto
saímos juntos, batalhamos juntos na mesma
idiotice cotidiana do trabalho, levamos
um coice e demos telefonemas bêbados
depois da briga. Já tivemos remorsos
que nos levaram à vontade de virar pastel de banana. Mas
essa parceria notável
que nos confunde
nunca se justificou muito bem. Sei que tenho esses braços
e alguém que parece ter consciência disso
assistindo à formulação do gesto
deixando-se levar por ele apesar de tudo
no perfeito emaranhado
do acontecimento.
      Sei que tenho barriga
sono vontade calejada de botar uma andorinha no queixo
    e sair viajando
catando coisas e contando vantagens
parando para tomar uma cerveja no botequim que parece
um botequim que parece uma cerveja e a mosca

que caiu na espuma que parece
um oceano monstruoso de tragar insetos no copo.
      Aceitação das aparências que estão
na tela da situação presente sem
as egocêntricas interjeições da memória
que significam, nos encontros, um freio.

Aceitação do enigma que não bastou e ficou
para sempre pendurado ali mesmo
na leitura de uma caneca azul descascada. Uma ideia
concentrada na impossibilidade
de dizer caneca. Uma ideia azul, vivida, conturbada,
da mesma cor de um lápis aplicado que aparece na mesa
tomando notas violentas sobre o desejo de estar
presente no mundo
fazendo alguma coisa
sozinho a uma hora dessas tomando
café e fumando. Cosendo
          fervendo
          amansando certas arestas
que realmente não tinham nada a ver. Estando
como a caminho talvez da possibilidade de estar
uma caneca sem ideia que apenas
foi pendurada na parede sem qualquer serventia
e ali ficou
notícia extraordinária
de estar uma caneca para dizer qualquer coisa
que eu jamais entenderei.
Aceitação do sol que me tirou da barriga
junto com a minha mãe que eu também aceito na cama
junto com a cadela do inesperado
que eu aceito com a literatura dos rios a luz
dos almanaques e a
peteca ufana do meu país que eu aceito junto
com o cheque que eles remeteram e pago
junto com a merda das assinaturas e os pneus que eu aceito
por 300 cada, junto com todas as escadarias do mundo
que eu subo e desço, aceito

transformo para dentro de mim numa dose obscura e clara
que não é para ninguém tomar não senhores.
  Pequena e obscura e clara e corrosiva e delirante
aceitação inadjetiva da hora
que passa, dose para ninguém tomar,
mão aberta ventando
mas sem doação
além do bem
além.

TIÊ-SANGUE

existe um passarinho vermelho tiê-sangue no mato
perto da situação casual de eu lembrar de você e ele
aparecer subitamente ou passar como um raio levado
na abertura azul de duas folhas que um ventinho destrança.

existe um passarinho tiê-sangue que é a essência
da codificação deslumbrante desses momentos que passo
à busca búsqueda incompreensões me largado
na liquidez completa de não contar com uma explicação para hoje.

um passarinho tiê-sangue avançando
no balanceamento das rodas crepusculares do acaso
que por acaso é o nome das circunstâncias que eu dou
à roda das madrugadas tiê-sangue subindo
e balançando aqui no alto do morro como um passarinho.

existe uma infinita uma fita imensurável, a quinta
pérola do alfabeto dentário de Cadmo plantando palavras
numa brincadeira atônita
de dizer que existem o Infinito e a Água.

um tiê-sangue bem bonito suspirado parando
como a atingir na ponta-do-galho o Momento Extremo.

UM AMOR DE JARDIM

A margarida era muito faladeira mas não quis saber de conversa quando sentamos na varanda da frente para explicar detidamente a ela como seria em breves olhos a filosofia eletrônica. Chegamos a traçar o mapa da mina, botando os dedos ainda fumegantes no travesseiro com o qual tínhamos feito o amor, e logo surgiu outra dificuldade concreta, que era saber que em nossa língua, a rigor, o amor não se faz. Então pensamos que um copo-de-leite, alvo e casto, talvez pudesse recolher com atenção o palavrório profético, desde que ele não fosse tapado, ou seja, desde que você não duvidasse de mim, vendo-o se transformar de simples flor de ornamento numa espécie de ouvido tubular para todos. Você também ficaria em condições de despejar ali suas queixas, ou previsões, e o resto era um tapete de grama, tão aparado e comportado que decerto não ia morder a gente por isso.

Mas é claro que esse copo-de-leite ainda estava em botão, que os gerânios dormiam na santa paz da raiz e que a azaleia reticente continuava a se eximir em seu canto, hesitando entre a passividade estoica da situação vegetal com certos galhos e o charme escandaloso da dialética humana, que é bom para passar o tempo e na chuva. Isso era em suma um jardim para o casal conversar, abordando amenidades, tomando sonhos de suntuosos navios, vivendo grandes aventuras ou pernoitando em hotéis, sem precisar entrar em detalhes íntimos, como dizer que sob o pé de maranta havia uma gatinha enterrada, que morreu dos brônquios. Em breves olhos a filosofia eletrônica, como deu no jornal, seria uma implosão metabólica de imensos vagos gasosos, provavelmente coloridos, que iriam causar tremendo caos com seus robôs visionários, tornando o homem meio cinza que discorre entre flores, fé no chão, sandália fofa, uma espécie rudimentar palradora de absoluto obsoleto macaco.

Esse futuro evanescente previsto não quer saber se as plantas ouvem, se falam, se reagem ao toque, se doem quando são arrancadas e se a seu modo sintético de refletir o ambiente elas participam da vida. Vimos porém quando a margarida emburrada deu uma bofetada no ar e desgrenhou as pétalas da cabeleira como se estivesse com raiva. Talvez o mapa da mina, traçado a dedo no travesseiro úmido, resultasse pouco nítido para seu pequeno intelecto, ou vai ver então que esse gesto brusco da flor era uma indicação positiva de que ela começava outra vez a se interessar pela gente. De nossa parte, o diário interesse pelos vizinhos e as plantas não decresceu nem um pouco, embora os percentuais econômicos, as antecipações eletrônicas, as constantes ameaças de guerra, o preço do café que é um roubo e as discussões científicas às vezes nos solicitem demais. No que sobra de tempo das estafantes tarefas, estamos sempre nos colocando em dia com as coisas. Sabemos que o dono da farmácia só faz amor aos domingos, que a mulher dirige a mil e é uma brasa, que a revista da semana passada está na cesta do quarto e que esse pé de pitanga já cresceu uns dois palmos, desde que chegamos aqui, assim como sabemos que a Terra, depois de ter sido uma laranja achatada conduzida no dorso por tartarugas ranzinzas, virou agora uma cereja perfeita, com um manto de chocolate por cima e um inarredável caroço, que é duro de roer mesmo com brocas astrais.

Se, a rigor, o amor não se faz, é válido admitir que ele aconteça com a língua, os grunhidos, as sílabas carinhosas ou ásperas que não chegam a se completar em palavras, e é possível também que a fruição de um amor, entre as novidades e as plantas, dependa de cuidados adicionais meio ingênuos como picar o alho do feijão ou botar esterco nos vasos. Além disso, é claro, há os grandes segredos, as mágoas que se dissipam com um chá trazido na cama, os arranhões que ficaram mas serão esquecidos, as luvas inconsúteis dos beijos sugadores no vento e as estratégias de manutenção da estranheza, as quais ultimamente se concentram no hábito de desenhar o mapa da mina sempre em suportes que não gravam os sulcos senão por poucos momentos, como o lombo do travesseiro mordido, a própria pele, a mancha eventual de água da chuva ou uma bandeja de areia.

Um amor de jardim é coisa rara hoje em dia, e isso, sem querer lamentar, provavelmente enfatiza o aspecto menor social da relação que nos une. Gostamos das boas coisas da vida, é claro, mas somos minoritários e afoitos em nossas preferências de base. Outro dia, por exemplo, quando toda a cidade se reuniu na avenida para assistir a uma queima de fogos e à instalação de mais um busto, tomamos a direção oposta, com as sandálias surradas, e fomos ver o novo leão da fábrica de chocolate, que é um velho animal de que arrancaram as unhas.

Vontades subversivas como a de abrir a portinhola da jaula e libertar o leão, uma relativa fobia das multidões exaltadas e hábitos adquiridos na roça como o de falar para as plantas e ouvir o que elas têm a dizer estão entre as muitas características que nos tornam um pouco diferentes das pessoas daqui. À primeira vista, essas pessoas são mais ricas, ostentam modas mais discretas, costumam receber grandes volumes que encomendam nas lojas, têm horror de sujar as mãos e mandam colocar nas janelas grades inexpugnáveis de ferro, sendo muito mais despachadas que a gente para dar suas ordens.

"E isso é da conta de vocês por acaso?", disse a margarida emburrada logo depois de dar sua tapona no ar. No estilo corriqueiro dos casais monolíticos, que falam normalmente em dueto, respondemos "não-não", escorando também com alguns "bem-bens" nossa surpreendida sem-gracice. Já estava sabido que a plantinha falava (aos sábados, segundas e feriados), mas era a primeira vez que ela passava na gente um sabão assim, e em plena folga de um domingo, contrariando desse modo o próprio calendário em vigor das expectativas humanas.

Foi um choque. O toque da margarida nos fez olhar para dentro, para os lados, para a frente e para o céu. Em nada havia onde agarrar-se, para pendurar a vergonha, e nessa viração de atitudes ficamos sem saber muito bem. O quê? A massa boba e grudenta da rotina talvez, que sem nenhuma explicação devora os dedos, querendo se transformar de repente num mero pastel de preconceitos. Todo choque antecede à descoberta — e foi notável: vimos que um amor de jardim pode ser reduzido a uma armadilha de assuntos, pois mesmo os seres mais apaixonados do mundo são bolhas solitárias vagando entre as venezianas e o tédio.

Desde que você não duvide, de você nem de mim, e desde que você compreenda que a dúvida alimenta as pessoas que conseguem ouvir os passarinhos e as plantas, só depende de nós consertar agora esse mundo, que vai continuar muito esfarrapado depois. O vizinho da esquerda, que se veste exclusivamente de azul, decerto vai continuar com seu hábito de nunca abrir as janelas. Mas não convém supor por causa disso que ele seja um traficante ou um facínora, nem interessa levantar a hipótese de uma epidemia de mofo tornando profundamente insalubre o interior misterioso de sua casa fechada. Como as crianças e os copos-de-leite que recolhem previsões ou queixas no seu ouvido tubular para todos, poderemos constatar desse modo uma evidência importante, que não deixa de acrescentar alguma coisa bem típica ao espectro de circunstâncias da região onde estamos: esse é um homem que se veste de azul e nunca abre as janelas, andando pontualmente para o carro sem dizer um simples bom-dia.

Um lado da margarida se despetalou num risinho, zombando da nossa boa intenção, mas o outro apontou para uma nuvem distante e ficou dando força. Tínhamos de observar sem julgar os movimentos em torno, apenas para mapear o terreno, e isso nos levava a tolher a própria exaltação mascarada dos nossos sentimentos sem fundo, cada vez que eles inchavam nas artérias e brônquios para se congelar num palpite. Era uma espécie de ginástica interna o que estava então começando, com impulsos desqualificativos crescentes que pareciam realmente doer pela imprecisão dos seus termos. Se aquele era o homem do azul, essa é a menina morena que passa de bicicleta cantando, uma pedra comum escora um carro, menina bicicleta morena, passa o vendedor de pipoca, a bordo desse carro parado começa um furioso namoro, esse é o magnata da frente, existem dois cachorros dormindo, aquilo é uma sombra esquisita que está dormindo ou mexendo, essa é a mulher que usa uma bata amarela e varre diariamente a calçada onde caem folhas de pêssego.

Quando amanhã saíssemos à rua como gostamos de andar, eu com essa cabeça de burro, ela como ela é, os moradores desse bairro elegante para o qual recentemente nos mudamos não poderiam de maneira nenhuma condenar nossos hábitos, pois já teríamos bebido eles todos no cálice invisível das peculiaridades.

O que aliás é muito fácil quando chegamos a um país estrangeiro. Aqui pensamos na mesma língua e as palavras sentimentais abrem espaços danosos que é preciso preencher com a doação do silêncio. Entre as novidades e as plantas, picando o alho do feijão ou traçando o mapa da mina, consumindo as previsões eletrônicas ou rindo das coisas sérias, isso é o pouco que aprendemos nos olhos quando o dueto monolítico explode e não sabemos mais quem, só um vento de aceitação predomina e a energia é de todos, menina bicicleta morena, homem de azul, leão enferrujado sem unhas, magnata, vendedor de pipoca, carro, sombra, pedra, pêssego — eu com essa cabeça de burro, ela como ela é.

P.S. Apassionado

quando ninguém pensar que mim você quer
então seremos: o desejo de todos ponto morto
mas tão cheio de vida e uma língua qualquer

para dizer nós dois ou dez enquanto espio
você dormida em braços que eu tomarei por medida
de ser, um cara do teu lado te amando
com essa cara absolutamente romântica de hoje
gostar da vida inteira com pessoas passando.

O ENJALMADO

Antes de entregar as chaves, tudo limpo em ordem, Silvano entregou-se ao vento. Foi um dia na praia. Ele estava decidindo uma coisa, mas a lua veio. O recorte dos morros começou a dançar. O recorte dos prédios, encolhendo e esticando, parecia no horizonte uma sanfona de luzes. Era impossível decidir nesse clima, e abrir a mala, concentrar-se nos gestos, se a própria convicção de horizonte, em princípio calma, agora metralhava seu rosto com faíscas e cristas.

Além do mais, em casa, antes da entrega das chaves, Silvano tinha visto que o teto se confrangia em borracha. As paredes oscilavam no prumo, refluindo até um ponto indistinto, ou então vinham de arestas de fora para estreitar-se sobre as coisas e ele, fazendo do apartamento uma cápsula. Uma membrana. Um ninho de objetos pontudos que a qualquer hora poderiam iludir o controle para atravessar sua carne. A questão do telefone — o grande horror de Silvano — foi resolvida com a hesitação trepidante que pouco a pouco ia descendo dos olhos para enroscar todo o corpo. Bastava afinal cortar o fio e assim cumprir a promessa de se desligar dos amigos. Mas o gesto pressupunha chegar à mesa e à tesoura, cujas pernas cromadas ali se abriam hostis, refletindo primeiro, cada vez que ele avançava, a tímida intenção de seus dedos.

Desligado o telefone, com a tesoura heroicamente embuçada numa guarnição de flanela, ficou faltando transportar o sapato, um pé esquerdo, dentro do qual Silvano achara, dias antes, uma esquecida meia preta e a aranha. Já era muita coincidência, para um homem sozinho, mas foi a pena de esmagar esse bicho — a pena, e não o medo —, que o levou a retrair-se de um pulo e formular novo plano, ainda sonolento e descalço. Era melhor trancar a aranha na mala, com sapato e tudo, alimentando-a de migalhas de pão até que a noite baixasse (a noite certa) e ele pudesse atravessá-la correndo para chegar à praia incógnito. Mesmo inseguro quanto à aceitação da dieta, e não sabendo de resto se havia espécies marinhas, o plano de Silvano era engordar essa aranha e confiá-la somente às virações da areia.

Ele já tinha se livrado da maior parte da tralha quando sentiu no próprio pulso a constrição do relógio. Podia jogá-lo fora, se o não vissem, e de fato ergueu a mão à fivela. Mas era tarde. Emitida pela poeira dos ônibus, a estranha mulher de verde já o chamava de anjo e se derretia em agrados. Meu anjo, meu querido, meu nego — fórmulas que trespassavam Silvano e o deixavam abismado com a insolidez das palavras. A amiga, supondo-se que fosse Venúsia, falava sem parar de um passarinho que tinha — a asa preta, o peito cinza, o bico assim — enquanto ele apreendia sob as frases, ou a capa simbólica, a verdadeira descrição de um homem cujo corpo naturalmente a inflamava. Conversão de sentidos. Úmidas vertigens da boca. Terror de ouvir em cada ideia a breve modulação de outros impulsos. Já era muita coincidência olhar as horas na esquina e ser flagrado justamente por isso.

Justamente por isso, ao sair desse encontro, foi que Silvano se acomodou ao relógio, voltado agora para a constrição das pessoas e o desejo inabalável de passar ileso nas ruas. Seu ritmo era novo, ou era outra a história dele, pois o espelho que tinha visto e amado, há muito tempo, o iludia nesse mês com uma resposta sem barba. Era fácil então mudar de cara. No sétimo dia antes da entrega das chaves — rescindir o contrato, pagar a multa, fosse lá o que fosse —, Silvano bateu a porta e disse adeus ao porteiro, dando-lhe o violão de presente. Tinha passado, nesse instante, a se chamar Wilson.

Com duas notas no bolso, apenas duas notas de 100, Wilson pegou um táxi e nem notou que o motorista era o mesmo: o mesmo da terceira viagem nas últimas cogitações de Silvano. Ia saltar no cais do porto, com o rosto liso, e perguntar a estivadores o caminho da Islândia. Wilson queria um barco. Podia fazer faxina, lavar pratos, receber todas as ordens. Seu único propósito era chegar ao destino e esclarecer a dúvida surgida na exata hora em que trocara de nome. Uma dúvida hípica: queria a travessia de um barco apenas para ver se na Islândia, e sua neve, os cavalos andavam bem.

PEG-AÇÃO DO OUTRO

Peguei o Outro pela gola e não deu nenhum resultado.

Peguei o Outro por meus olhos e não deu para ver.

Peguei o Outro pela mão e o destruí sem querer, coitado, ele ainda não se aguenta sozinho, que pena, como ele sofre inutilmente mancando e não consegue como nós escapulir do útero.

Minhas convicções sobre o Outro foram porém se gastando.

Um dia eu caminhei para ele sem pensar muito em mim.

Notei que era possível agir sem premeditar.

O nariz do Outro, a boca do Outro, a raiva do Outro perderam nesse ponto a consistência de apenas me irritar por analogia.

Entrei no Outro por acaso, como alguém que se desossou e não chora. Nesse dia eu estava muito bonito. O Outro era a janela sem grades e também a opinião sem cortinas sobre a qual eu debrucei como uma lesma amorosa. Eu estava bonito, por contato, e apenas emprestando meus olhos para servir de reflexo.

Quando o Outro quis me abocanhar de repente eu já tinha voltado à consciência de mim.

Eu era, ou era eu que não me gostava quando o Outro pareceu me ofender.

A malícia do Outro devia ser minha ambição de esmagá-lo.

Houve um momento perigoso em que eu desejei possuir.

Não houve propriamente o Outro, mas apenas a fricção dos meus dedos na ansiedade de estar que me roía de novo. Nessa hora eu fiquei feio como um bandido medroso. Diminuí provavelmente de tamanho e aspecto, voltando à carga das analogias que me sufoca e impede.

Minha pureza favorável não enraíza no Outro nem é a glória da espécie, mas eu posso muito bem abafar o som dos tambores. Posso amar as cicatrizes da guerra ou esse porte de boneco gaiato, condutor e conduzido, que às vezes sente como eu sinto uma vontade insondável de vomitar pelas calçadas um planeta sem fios — perfeito e único.

Um planeta sem fios me permitiria dançar — descer — deitar no Outro calmamente sem o despojar e humilhar. Mas são os fios da cabeça que enrolam com frequência meus gestos, ligando-os a um passado atrapalhado e inexistente que me faz colocar o pé atrás.

Meu ingresso puro e luminoso no Outro ocorre quando as luzes apagam e eu sou apenas um pedaço de barro que se desarticula e sorri. Na hora do milagre existo e não existo com uma segurança total.

RECEITA DE PEDRA

As pedras artificiais são muito mais econômicas e é fácil construí-las
em casa com cimento e areia.
Use o focalizador para cima mas não estranhe a existência rasteira de
um deus que você pode ser na própria área de serviço lotada.
A sua casa ficará incrível com essas platibandas de flores e é possível
semear entre elas uma cabeça de prata.
Não podemos grunhir para o senhor como um cão.
Mas conte com minha simpatia pelo seu caso de veludo glacê.
As pedras artificiais podem ser feitas à noite como as novelas da TV
são feitas num barracão onde também fazem livros, documentos,
personalidades marcantes da nossa época, comidinhas sintéticas,
animais híbridos como os dzungas e
pirâmides iluminatórias domésticas para acampar no hall.
É ótimo estar vivo com as chances que você tem de matar
o tempo. Sobretudo para as noites chuvosas
em que outros engomam bisturis ou passam um bom-bril no alicate
para tirar a cica de banana que a eletricidade deixou.
Foi por isso por exemplo que eu fiquei assim certa vez
de cabelo em pé. As pedras artificiais são muito mais eco
        dão muito mais som
         com muito mais pão
do que o suposto na broa das imperatrizes você pode comer o resto
sem se lambuzar na vitrine. Elas não se rompem. Não dão coceira
no cóccix nem têm gosto de anis. Se o senhor não levar a mal a
franqueza, levante-se daí agora e faça logo uma dúzia
não só para colocar no jardim seu
criado, como também para o gramado de amigos
que veraneiam, em forma de caveira, no sono que o senhor quis
fazer tão confortável.
Faça logo uma dúzia
e saia por aí batucando, vendendo, vomitando, achando graça e
pagando caro por cada marcação sua
quando você oscila e vacila como um jacaré machucado,
sorrindo.

Sibilitz

TROÇO

O rapaz tinha chegado com a moça e era de enlouquecer replicar quando chegaram realmente com o carro preto parou. Falta de gasolina ele disse — a ela pareceu replicar que era de enlouquecer realmente. A chave do rapaz consertar tinha ficado lá em casa e a moça ia falando de novo quando o carro preto explodiu. Havia margaridas na beira, era de fato uma aventura falar sentar com ele uma pedra enquanto os dois se irritavam. Para ela a gasolina da lata que era igual à dos filmes que o mocinho enguiçou. Para ele a chave-mestra da vida que o calor esqueceu.

Estava realmente de tarde quando os dois. A moça tinha dado outro passo — o troço aparecia, a moça para ele o calor que era de fato espantoso. Tirou o lenço da cabeça e cuspiu. O carro estava preto suando no meio do pó da estrada enguiçado com a moça perto do step. Era dar um pinote — era realmente uma luta achar a lata e sentar. A moça da perna dele estava começando a mexer.

Para ela aquilo tudo sonhava no lado da direção que era ele quando a porta se abriu. O troço aparecia de banda no brilho do motor em detalhes. Vela bobina carburador platinado gasolina uma lata, então o que seria de novo na solidão do lugar um morro em frente.

Então seria o quê. Do perfil da menina, nesse instante, saiu em frente um morro um cachorro — capim, orelha, velhas recordações de leitura como a boca-fontana. No toque do perfil vegetal de estar olhando as raízes que embolavam derretiam na cara pela vista do homem. Ele estava com um calor dentro dele na primeira pergunta de encontrar um posto. Havia o morro o cachorro.

Também havia no contorno da pedra a marca cinza de ser um suas pernas quando ele mesmo começou a gemer se procurando sem fim a chave-mestra. Tinha enguiçado o carro preto da altura na miséria de um vale. Não existia o decantado sossego e nem estavam por exemplo eles dois porque era leve existir. Era leve demais estar com raiva de um carro ou da mulher por tabela que o suspendia nas asas.

Foi por isso que eles dois se trocaram quando um morro um cachorro a cara os cachos — um forro de céu no chão de terra. Foi por isso que era o carro que estava. Grandes bancos negros largados retirados da alma para o mundo deitar. Quando estava na pergunta de um posto que na verdade ele não quis achar. Para ela aquilo tudo sonhava no lado da direção que era ele o morro o céu o estalo das folhas secas quebrando no cabelo puxado. Assim que uma mulher vê as nuvens como ele estava, os olhos de folha seca um perfil.

O troço apareceu como às vezes passa um cachorro. Havia o troço a pedra a perna o banco o para-choque — a cama de poeira da estrada com a terra seca rachada gravada pela pata dos bois.

DIDÁTICA DO AMOR COMO INSUFICIÊNCIA NERVOSA

Sinto que eu somos uma espécie de choque.
Que eu somos uma espécie de fratura batida
e que eu podemos tirar os personagens do bolso,
como você gosta. Mas a memória que os permite tirar já não existe
e nem eu sempre sabemos como articular a garganta
para dizer — digamos — alegria ou fracasso.
Poucos gostam de mim como você de nós-mim
atualmente. Talvez porque esse leque difuso
dos virtuais que encarnam na pessoa suposta à sua frente
é um leque arisco e abstrato como o meu retrato em você.
Do alto da montanha onde eu viramos alguém
como um vulcão de fantasias
o tudo que eu podemos é tirar um retrato
abstrato e lambido como o dos diversos atores
que estão fazendo por nós-mim as mesmíssimas cenas
das quais no máximo eu consigo me afastar um pouquinho.
Eu conseguimos um pouquinho de areia,
meia dúzia de rostos para aparecer e sumir, algumas dores
fictícias e pronto,
com isso eu colocamos no ar uma pessoa infrequente
a propósito de querer comer o mundo
para transformá-lo num bolo azedo de merda.
Uma pessoa não se faz como se faz uma ilha
lavada e rochosa, por sedimentação,
mas decorre talvez da necessidade grupal de alguém ser sempre
apenas uma referência de porto para um outro afogado.
Eu como sempre estamos sempre perdidos
porque não há o que encontrar realmente
entre os pensamentos e a porta
que corta a nossa imagem mordida em fatias urradas
ou, se você preferir, em personagens.
Estamos, como sempre, livres e amarrados à ideia
de que eu vamos para você por exemplo
ou então conversar num lugar tranquilo nós dois
que somos cada qual uma multidão vomitando.

Como a deusa da história,
eu temos a unidade por alvo
e vários braços vazios fazendo gestos anômalos
como se eu jogasse peteca com a lua que eu também não seguro.
Sinto que eu somos uma espécie
de fagulha enlatada
ou que eu somos ainda um grande cisco
que caiu no seu olho. Por isso você pode me usar
na qualidade de comida indigesta
ou simplesmente me empurrar para o lado
como se eu fosse um girassol decrépito.
Minha procura sem promessa continua assim mesmo
e no fundo desse amor eu não ligo muito pra ti.
Meu egoísmo é total em certas horas orgânicas
e diante das estrelas que apagam
o que eu chamo de amor é uma insuficiência nervosa
que às vezes dá vontade de rir.
Você não é a minha mãe mas eu procuro seu útero
mesmo que você seja um homem.
Você não é o meu irmão mas eu remexo seus dedos
debaixo do mesmo cobertor inflamado.
Porque sou eu que tínhamos alguma coisa a dizer,
mas mudei de ideia.
Eu mudamos de repente como os tamanduás ao que parece não
mudam.
Eu somos uma gramática lisa e epidérmica
que finge dramaticamente pessoas,
que se tange e se oferece existencialmente em fatias.
Não guardo o que sobrar dessa festa,
supondo que você me mastigue
como um chicletes venenoso que porém não faz mal
nem bem. O mim elástico das ventanias
evita de beber os conceitos da lata corporal tão pequena
e apenas vai mandando fazer como se aperta um botão
no painel dos astros.
Provavelmente existe um rombo sem forma
no espaço casual sem razão
onde da cruza de diversos momentos de energia pensada

surge um versátil coração radical que cresce em torno
    das minhas mãos açucaradas
e pouco a pouco se transforma na bomba que não sei aonde pôr
    para obter algum efeito concreto.
    Foi por isso que eu pus minha alegria
na curva do seu ombro uma noite. Por isso que estendi meu fracasso
para você atravessar uma poça. Não peça a opinião dos seus pais
nem dos seus iguais a respeito. Nem pense que eu esteja sabendo
quem é você que caiu comigo no fogo.
    A minha cara derretida não dorme
    no jogo das aparições simbólicas
e nem eu canso de agitar minhas garras, minha gargalhada, meu corpo
marcado pela indecisão metabólica de atravessar em você.
    O meu desejo é natural como uma espiga de milho.
    Eu mudamos de repente como um grande manequim de brinquedo
cujas articulações ignoro.
    Eu somos uma espécie ofegante de tartaruga hipodérmica
que há muitos séculos caminha com essa humanidade nas costas
e não sabe se mergulha ou se foge quando chega à beira do rio.

DEPOSIÇÃO DO CHEFE DE UMA PERSONALIDADE

vítimas de um sinistro mental
reúnem-se para discutir em público
os restos e as raízes do chefe de uma personalidade
a diluição das parcelas
        das camadas
é demorada
os vínculos do chefe resistem
ele tem um nome tem amigos
documentos mapas convicções memória
fotos que o surpreendem
na dança de imagens do seu rosto
o chefe não quer admitir de saída
que ele está num beco
chuvoso
e o que ele acha que é cimento nos ossos
é água correndo
por dentro da explosão dos dias
o chefe batalha
abre sua tesoura mágica
pra cortar o umbigo
das representações
mas não tem jeito
a toalha cai
da mesa

A QUINTA PATA DO CÃO

Certas manhãs de ansiedade de novo entre sonhar com a rotação dos espelhos e ver — pensar que via — uma coruja retardada num galho, imóvel com a primeira luz nas retinas. Mas se a coruja não tivesse retinas, e outra fosse aliás sua maneira de espiar para os homens, como aliás toda coruja vomita em impecáveis pelotas a parte triturada no estômago, porém não digerida, dos animais a seu alcance que engole: o pelo, a cartilagem, os ossos. Se outra fosse também a noção do homem de ascese, que nunca deveria acordar e pôr os olhos em falso, tentando imaginar sobre as árvores uma coruja ou um farol. Desse modo se tornava improvável a antes clara e confiante rotação dos espelhos. Com coruja ou sem coruja — e a que estava em questão seria um vulto fictício — seu rosto emborcaria de novo no pensamento confortante de ser um mapa sem dunas. Tudo sem arte: o mundo é isso. Um mundo sem nariz ou metáforas que apenas doloridas sangravam no ato absoluto gratuito de as vomitar em pelotas. A noção de ascese, certas manhãs, impunha antes de tudo a obrigação violenta de não sair de pijama e imaginar dando voltas que o rosto poderia também ser uma pedra do instante. Ou seja: uma concreção. Ou seja: um dissipar. Da ansiedade para as nuvens o caminho necessariamente imperfeito levava a incorporar a coruja, a pedra, o anjo, o galho, bem como a cicatriz e o traçado das raízes que insistem em fuçar pela terra. Também, também. A um animal misterioso e pacífico que chamarei de paineira costumo oferecer muitas vezes a agonia dos olhos. O anjo? A hipótese de realmente existir uma coruja num galho, com a primeira luz nas retinas, e não o que outro alguém tomaria por percepção desfocada — o que outro alguém, do mesmo ponto, diria ser talvez uma folha casualmente empoleirada na insinuação de coruja. O pensar que via a dona da noite era no entanto admitir mais ainda a rotação dos espelhos, das bocas, um mundo inevitável com nariz e metáforas, cheio de deliciosas receitas e temperos caóticos, abraços, embolos, a suave alteração das dunas e o desafio corrosivo de permanecer em ascese, seja a caminho para as nuvens ou no pequeno e curioso momento de ficar olhando as raízes. Assim então ficava olhando. Assim então também talvez. Eu e meu eu jogavam claro, tendo esse corpo atado a fomes enormes e essa cabeça variante fantoche que podia rolar sem mais nem menos dos ombros, levada por um sentimento ou um raio. Se eu pisar forte o anjo acorda. Se persistisse uma noção de coruja eu chegaria inclusive a ouvir seu riso metálico. Tudo depende da impressão transitória que nos sacode por exemplo na cama e nos conduz a estranhar frequentemente a pessoa que dorme há tantos anos conosco. Como estranho meu filho — ou a paineira: tomo-a por um bicho felpudo que tem espinhos eriçados na perna e o lombo semelhante ou maior que o de um carneiro no pasto. O princípio da manutenção da estranheza é que aliás me socorre quando eu me sinto (ele se sente) rodeado por leis, afagos, valores, relógios, fitas métricas e a inclinação ao comodismo de achar que também entro com meu corpo seu dele nas precárias dimensões do universo. Eu na verdade nunca tive um sentimento de altura, nem sei ao menos quanto peso. Meu estado é o gasoso. Eu não existo por medida prática, embora aceite por função a fusão, ao ser abertamente dos olhos de quem passa por mim. Em lugar da coruja era possível então pôr uma imagem de deusa, como Atena, que afinal foi parida de uma divina dor de cabeça e era chamada a presidir igualmente, sem nisso haver incongruência, a razão e a guerra. Incongruências, contradições, absurdos, todos os pacotes verbais perdiam sua estabilidade sonora nas molas de um raciocínio polar que só pensava em dizer nosso caráter ambíguo, deixando o mundo flexível como uma lasca de bambu no joelho. O mundo: o mito é tudo: *a compact of wonders*. Se você persistir você enxerga o anjo. Tudo depende da impressão transitória que por certo explodiu na lucidez do poeta e o fez exclamar que "tudo é tudo". Radicalismo sintético. Isso podia ser assim. Podia estar uma coruja num galho e eu me lembrar que ela pertence a Atena, com um dado de extraordinária importância a aproximá-la dos homens: sua visão binocular penetrante, os olhos embutidos na cara, bem de frente, e não nos lados da cabeça como ocorre entre os bichos. Não estar convencido da realidade dos corpos era em muitas manhãs um inegável sintoma que me forçava a debruçar sobre o trançado da esteira, o voo de um mosquito, os ruídos da almofada em que eu sento, meu pé, o princípio da manutenção da estranheza ou apenas o nascer prolongado de uma flor vagabunda.

A mais forte experiência a respeito não tinha a ver com a coruja, nem com o anjo, nem mesmo com a paineira felpuda ou o dissipar de uma pedra. Foi, há muitos anos, a leitura de um livro. Mas o texto enjoativo só entrou em questão (a não ser que eu me engane, porque ao gozar de olhos abertos a mais forte experiência a respeito é o silêncio do orgasmo). Ao deixar de interessar como assunto, o livro só entrou em questão como objeto para levar-me a uma concentração distendida na qual pude obter uma fotografia mental do ato de alguém estar deitado com ele, suspenso a um ele-livro pulsando a um palmo do seu próprio nariz, lambendo os beiços com a respiração uniforme e vendo no outro extremo da sala, entre gravuras de Piranesi, a lâmpada de um abajur desmanchar-se. É claro que a descrição só pode ser parcial, pois me refiro a objetos — palmo, beiços, nariz, extremo, lâmpada — quando o que houve na verdade foi o ingresso do livro, pouco a pouco, pelo gume das páginas, na sensação indolor de eu possuir uma carne. Ou seja: obtido o afastamento da foto, peguei o livro pelas capas, com orelha e tudo, e me empenhei em brincar de TUDO É TUDO com ele, puxando-o contra o peito e a barriga para notar que seu papel me vazava, transpunha a roupa e até a pele, chegava ao que eu chamava de ossos como se a própria resistência do corpo fosse igual a manteiga — um único derrame episódico, com tudo dentro, de vapor ou de água.

Também, também. Eu não sei se a coruja, também pudera, se aquilo era de fato uma coruja ou uma folha ou se faz parte da categoria de anjo aparecer de vez em quando na ilusão de paineira. Minhas últimas convicções se gastaram, há muito eu não me apego ao que eu penso. Eu registro as variantes. Eu acho que. Eu olho/espero. Eu me torno olhado. As grandes noites de fusão, as manhãs de ansiedade, o livro que passou pelo corpo (para o corpo) na fluidez molecular dos extremos, a lâmpada que desmanchou do outro lado no abajur rococó que até então eu sempre tinha achado horroroso, mas mudei de ideia. Pode ter sido nesse tempo, à luz do mesmo abajur, que eu vim a descobrir que a coruja. Não estar convencido da realidade dos meus conteúdos mentais era um sintoma inegável que me punha com frequência a espiar um cachorro e a ficar contando invocado, sem sossego, numa repetição obsedante e exaustiva, a aparente quantidade de patas sobre a qual ele andava. Era normal que desse quatro — e conferia. Mas até hoje não estou satisfeito, pois muitas vezes a contagem me apontava também e desse modo eu me tornava a quinta pata do cão.

A descobrir que a coruja. Que eu vim a descobrir que ela voava em silêncio, ou quase, por ter a asa arrematada por uma branda penugem. Que ela é uma ave de rapina estrigídea. Que em certas terras ela informa, ao piar ao redor, que uma moça da casa vai perder brevemente a virgindade. Que ela de fato sabe muito das coisas: "Ponha o coração de uma coruja, e seu pé direito, sobre o peito de uma pessoa que dorme, e essa lhe dirá tudo o que você quer ouvir." Donde um autor a ter chamado "a vidente da sombra", posto que além de estrigiforme/estrigídea ela possa também ser bubonídea ou hermética. Também, também. Tudo depende da impressão transitória que a faz sobrevoar o Marrocos como alma raivosa, buscando o sangue das crianças, ou a destina a vegetar empalhada num museu sub espécie do País de Gales. *Strix*. Lembrar, *strigis*, que a consagraram ao serviço de Atena, como o galo, a oliveira, a serpente, e que a simples ingestão dos seus ovos levava um alcoólatra antigo a abominar a bebida. A razão, a guerra. Os olhos de coruja queimados davam por sua vez uma cinza para o tratamento dos loucos.

Um elefante pode ser uma pedra, ou vice-versa. Uma coruja pode ser uma folha. Uma galinha pode aparecer e ciscar sobre a cabeça de um casal que boceja num cinema às escuras. Um sentimento pode ser como a lua ou um dragão ser como a terra molhada que se levanta pouco a pouco movendo escamas e garras. A própria Gestalt já estabeleceu um desenho cujas formas se conjugam em revelações alternadas para mostrar ora um cálice ora dois perfis semelhantes em posição de beijar-se. As imagens se excluem, naturalmente, na percepção rotineira, mas pode ser que em estado de concentração distendida alguém consiga apreender de um só golpe os perfis e o cálice. Com isso cairia por terra (ou pelas nuvens: basta inverter a posição do desenho) o mecanismo repressor-inibido que motiva o pensar a escolher sempre um termo, preterindo os infindáveis aspectos que o rodízio do acaso pode armar de repente em qualquer constelação figura-e-fundo. A simples dimensão de uma rua, com fachadas sabidas, portas e janelas de cor, rua onde morei muitos anos e em cujo espaço retilíneo eu me sentia abrigado, estável, permanente, em casa, eis que ela um dia perdeu a consistência das horas e começou a recuar para longe, para fora do costume dos pés de atravessá-la sem medo. O jornaleiro da esquina, o guarda, o botequim, o hidrante, os painéis de vidro, eu realmente deixei por um minuto de entender essas coisas. Imersões de ausência. Gestos e rua de borracha, ondas de asfalto. A monótona fileira de prédios vibrava então em partículas. Como saí de mim, da minha ideia, do meu nome, do saco inflado da memória, da circunstância utilitária de eu preencher algum vazio na constelação dos meus hábitos, voltei a divisar um meio-fio e uma rua por oscilação natural. Mas eu estava tão estranho que foi preciso dizer: eu aconteço, eu sou aqui. Eu sou um troço relativo que não afunda entre os carros, isso são carros e não ursos, as palavras que me mandam correr estão escritas na testa, são portas e pneus e pessoas e sacadas e grades e faróis e calotas e conversa e pipocas e jornais e ferrugem que escorregam na vida, isso são placas e cartazes cretinos num amplo corredor de ilusões com postes brancos ordeiros, babás, eu passo, eu peço qualquer coisa ao porteiro, alô, isso é uma rua que se cruza com as pernadas de sempre para subir uma escadinha de mármore (falso), abrir a geladeira, tomar uma aspirina, abrir antes de tudo a mesma porta protetora emperrada e se jogar numa cama. Alguém.

Eu era alguém. Eu não sou um urso. Eu não fui esse carro que por sua vez é um besouro. Das linhas do pensamento lógico era preciso tirar algum proveito, já que a própria manutenção de minha vida dependia do jogo das revelações alternadas. Coruja ou folha? Perfis ou cálice? Boneco exterminador atingido por suas íntimas pequenas audácias ou máquina de galopar e fazer ligada por tubulações invisíveis ao comando celeste?

MOMENTO ESQUISITO

corpo estranho carro estranho batida
conhecida dos dedos
carro de brinquedo amarelo de plástico
talvez um corpo idêntico ao do banheiro
raspando a barba montando
uma prateleira nos dias
e de repente aquele baque
que derruba a gente
no estranhamento
um edifício
dos vários cômodos permanecidos
de uma mesma pessoa
    que estranha o carro
        o corpo
a batida conhecida dos dedos
o licor das 6 e meia uma tarde
um forde um jeep a mulamanca
a poesia universal francesa
inglesa surrealista oriental
a poesia de cada um
nos amigos silenciosos
olhando o cachorro
e um copo d'água

MINHA VEZ É MINHA VIDA

Mas o pior, o senhor sabe, o pior foi que a facada, o senhor me desculpe, a facada me pegou no lugar onde homem não pode levar facada. (É por isso que ele manca me pedindo dinheiro?) Eu estou só na minha irmã encostado me recuperando uns dias, eu como lá, eu durmo lá, mas eu moro é no mundo, eu aliás só vim falar com o senhor pelo seguinte. Não vê o caso do Eulávio? Eu não me meto na dos outros, minha vez é minha vida, a do Eulávio, pois é, diz que foi ela sim, não me meto na vida de ninguém mas coitado do rapaz tenho pena, eu aliás eu só vim falar com o senhor pelo seguinte.

A outra pegou nas costas, que tristeza, quase que vara os rins, quase que me rasga todo o bandido, sabe como?, foi de noite, meia-noite, eu virei breu, será que o senhor me empresta o machado para eu picar o demônio? Pois é, tem de levar na brincadeira senão não vai, mas eu digo uma coisa, eu digo para o senhor uma coisa, um dia eu acerto eles. Eu sou assim, tem muito tempo que eu estou de olho, eu sou pequeno assim mas eu tenho uma luz boa aqui dentro.

Há muito tempo que eles estavam se desentendendo, o senhor sabe como eu sou, eu não me meto, eu só estou lá encostado me recuperando uns dias, quando eu melhorar eu acerto eles, eu acerto com o senhor essa dívida, eu inclusive, o senhor sabe, eu simplesmente só espiei por acaso quando o carro encostou. Eu não me meto. A velha foi quem fez tudo. (*Savoir écouter les autres pour savoir ce qui leur parle*. O mundo se existisse seria uma mágica?)

O senhor diz justamente isso aí. Pode dizer que eu espiei da janela. O senhor sabe como são as coisas. A mulher do Eulávio, pois é, a mulher é nova, eu garanto que a velha levou dinheiro no assunto. É isso. Pegou uma aí, a outra atravessou por trás, eu zuni no sangue, rolei, dormi. Eu não sei de nada. Eu só digo que eram dois porque um não faz esse estrago. Eu aliás nem pensei de preferir vir aqui. Para falar com o senhor. Eu vim. Eu tenho uma luz boa por dentro.

Agora o senhor veja que encrenca, eu não me meto, eu não esquento, eu não deixo rabo, pois foi. Ficou tudo no meu raciocínio gravado, eu vi, tinha até um indivíduo barbado, gordinho. Mas eu só digo isso ao senhor que tem um bom português, eu não ando falando com o primeiro por aí não. A velha levou algum, só pode, eu sei que o senhor entende, a moça, a mulher é nova. O outro tem situação. Tem casa, tem fusca equipado, gado, caminhão.

Eu estou encostado. Encostado me recuperando uns dias. Baixei na velha e fiquei, sou irmão dela e fiquei, tenho direito, mas como eu digo ao senhor eu sou criado lá fora, já rodei por aí tudo, a luz é forte é raiz de peito é cabeça. Quando eu voltar a melhorar o senhor conte comigo, eu aliás eu só vim falar com o senhor pelo seguinte.

Vi desmaiado. Foi. Eu não sou coruja, eu vi de noite, rodei com o bruto por cima, caí. O outro me espetou pela frente, só pode, de noite, deserto, sangreira medonha. Horror. Um horror. Fica gravado no racio-cínio da gente, mas eu não ligo, o senhor sabe que eu nem ligo? Era a minha então era, para que discutir, a minha é minha, boi não come. Eu tenho pena é do rapaz, ele estava dormindo, o outro encostou o carro, agora o senhor veja que encrenca.

A minha é minha, eu estou com ela. Eu sei que ela pode vir que eu estou. A luz é forte. Comigo o bom é bom e o mau também é bom. Eu estou prevenido. Eu carrego a minha, eu não esquento, pode vir que eu nem cisco, é minha eu não renego, eu topo, eu calo. A bem dizer na ver-dade ela puxou conversa uma noite, mas nessa hora acontece que eu saí muito fino, eu garanto ao senhor, eu rapei fora, se eu saí é porque não era, é, pois foi. A noite, a dona, sei lá: o senhor me confunde. A minha.

CARTA PERTA

não digo nem cego nem procuro uma luz
que deve estar naturalmente perdida
lá onde o melhor era ficar passeando
no próprio corpo dos fantasmas prospectos
devassamente jogados no meu olho sol-
etrando penetrado de atracações visuais
monumentais ou mínimas conforme a fome
do universo anterior que me habita
e rotaciona na hora estacionada
caída enquanto a multidão me pisa
na mesma frustrada tentativa sentida
de eu pular fora desse trem lotado
onde viajo infinitamente desde o útero
para nunca chegar à consciência de mim
nem poder parar na estação que eu quero
e quase sempre já foi a que passou depressa
como um poste um cachorro um casal feliz
no banco de fumaça feliz de um casal que passa
se abraça e beija na vidraça suja
ou pelo menos imperfeita das transparências concretas
na reta sinuosa do destino torcido
riscado a fogo e lesma na conjunção das hipóteses
de existir então o trem galope que eu lembro
e dentro dele
e dentro e fora dele as conversas
os jornais amassados repelentes levando
cabeças à beça como enfeites de mesa
embrulhados no fim do expediente.

PRODUTO LEVADO

Finalmente está saindo o produto. Pode ser um pão de estrelas. Ou uma cama inconsequente que é igual a uma estrada. De noite a viração era assim. De dia ficava escuro. Virava alguma coisa que não era só ele, sem contorno e sem medo, muito ampla pelas sensações que baixavam. Mas essas sensações nunca podia dizer. Eu não podia fixar o produto como se ele fosse e eu não. Quem era? Um homem que está vindo da esquina com um pé de bota enrolado na folha das banalidades impressas, passando pela padaria para comprar um chicletes com os dois meninos. Ou um menino, sincero, que vomita um desaforo magrinho para uma estátua de bronze. Ou ainda um profissional competente que perdeu o bonde na véspera, mas que agora está saindo da casca para vangloriar-se. Vejam como eu sinto bonito, e o mundo para mim ainda presta, apenas é o lugar curioso onde estou agora sentado. Mas de noite ele se impunha e passava, a própria vaidade que eu mordo tinha virado um sorvete. Ele parece que perdia o seu jeito, seu tipo, minha história, perdia até as convulsões genéticas, a linha do olhar, o furo provocante no queixo e a inspiração do possível. Ou então ele conquistava a dissolvência perfeita sem que tivesse feito para isso um verdadeiro esforço. Apenas acontecia assim e eu morria. O corpo era uma bola de pedra, duro, compacto, sem sentimento, capaz de aceitar todas as coisas e lançar ainda um sorriso.

De dia ficava escuro de novo porque eu voltava a sucedê-lo no tempo com a ilusória ambição de estar presente. Eu achava que eu estava no mundo e que a fantasia era ele. Ou, se não achava, meu inteiro comportamento indicava isso. Eu ia para a porta dos outros e tentava arriá-la. Eu ria da mediocridade das bancas com suas inocentes revistas sorrindo com caretas peladas sob um sol de alumínio. Eu fazia opinião sobre tudo, encolhendo meu poder de abraçar, e com isso me torturava e danava como um macarrão na água quente. Era preciso cair de novo nele e por ele — cair fora de si — para passar desse estado de fervura sanguínea até a digestão do sereno. De noite era um estado de calma que podia ser às 10 horas, quando os homens mais normais e convictos estão saindo do portão do edifício com uma pasta preta e um destino. Quem era? Não exatamente esses homens, mas um gato que levou meu olhar, antes de um barbante invisível erguer meu pé direito num pulo para botar na calçada.

Pois é, o produto está saindo quentinho — perto de uma confusão de distâncias que se misturam comigo, ele, rostos e vozes, outras numerosas pessoas que vão se aglutinando e sumindo. É um produto amassado, embolado, salivado e nutritivo como um tasco de pão. Naturalmente não vai servir para nada. Ele também não serve para nada, mas me acompanha. Quando eu começo a me envolver em excesso ele parece que articula o barbante e puxa meu coração para trás. Ele não deixa por exemplo eu matar, mesmo que eu espume de raiva e saia dos meus olhos um sumo que nem o da cebola na pia. Mesmo a mão cheia de terra com a qual eu estraçalho as verduras tem essa ligação luminosa com as ordens que ele nunca me disse mas eu escuto sem dúvida. Tudo e também o que nem chega a ser participa da sensação de unidade. Ele não vai perder seu tempo falando, porque a fala só serve para aliviar a tensão e ele é a serenidade indistinta de achar que é tudo assim mesmo. Apenas ele fica esperando e é mais fácil para ele transmitir pelo barbante ao meu braço um gesto que não podia ser outro. Agora estou agindo porque obedeço sem mim. Quando eu tropeço em meu destino é porque eu volto a me empurrar contra o que o dia deseja.

Acho também que não podia ser outro. Bateu a porta, por exemplo, quando a cabeça que socialmente eu considero minha estava imaginando loucuras. É mais ou menos como um vento penetra que ele despenteia as ideias que tentam me tirar com seu charme da realidade onde estou. Não podia ser outro, como era o caso, porque eu nasci do cruzamento de um rio com a velocidade de um trem. Eu ainda era um menino pequeno e já via as coisas passando. Mas só depois de viajar e sofrer, depois também de me alegrar, entrar e passear nas pessoas, foi que eu pude afinal ficar isento de mim. Aí então quando ele prevalece eu percebo que a própria solidez do meu corpo é uma convenção como as outras. Mas pode ser que isso seja típico dele, que isso seja no fundo a essência dele, e isso se recusa a falar. Isso ensina somente que ninguém pode ter um professor para isso e que todos precisam mergulhar no sangue, no desespero e na incerteza para depois atravessar uma porta que aliás nem existe.

Mas a porta bateu e não podia ser outro. Foi apenas um pequeno momento antes de almoçar farofa e repolho, quando a barriga sentiu que estava muito vazia e talvez por causa disso a cabeça quis possuir. Era assim que ficava escuro de dia. Salivando suas ambições muito grandes, a cabeça ocupava um pedestal de mentira ou então ia posicionar-se contente na mesa de um senhor-diretor. Assim, com essa bobice de que as cabeças são feitas, meus pensamentos circunstanciais não notaram que o problema era fome: um simples oco passageiro no estômago, em vez de logo me levar à cozinha para produzir a farofa, primeiro levou minha inconstante pessoa à fantasia do mando, onde ela extrapolou à vontade suas necessidades reais. A fantasia costuma começar nesse ponto, quando a cabeça falante e imaginosa, cheia de preocupações com outra coisa, não ouve as exigências do corpo e perde a informação dos sentidos. Mais ou menos como se houvesse um curto-circuito na fiação animal desse organismo, ela então é cuspida de sua posição sobre os ombros e cada vez vai se enchendo de mais substitutos inúteis, vazios, cansativos e ansiosos, vacilando como uma bola doida perdida que só para de vez quando quebra a cara. Ou, como foi o caso, quando uma porta bate por acaso e eu presto um pouco mais de atenção.

MEDICINA CASEIRA

Segunda

    Carro enguiçado. Sol. Violenta descarga corporal à noite.
Travessia do bebê para sair do útero e ver.
    Adoração muscular da descarga liberadora que possui o corpo.
Ruídos matinais normais a partir de tudo.
    Vozes conhecidas falando pedindo ferramenta emprestada.
Vagidos ucranianos. Difusa congelação do cérebro. Palavras. Mordidas.
    Esquecimentos e acontecimentos suados bípedes
inevitavelmente com duas caras idênticas em rotação polar mascarada
    brincadeira cabeceira ronrono carro astronômico provável
de passar pelo instante e carregar você mesmo
    na outra sua cara do lado dirigindo ninguém. Aspersões e retas
higiene de setas brancas pedágio luminetas
    caminhões enormes paranoidizantes seguindo
mas talvez com sono
    e tomates passados
ou galinhas de pescoço pelado e bico aflito. Momentos. Fraturas.
    Irrupção convergente de atualidade e memória.
Carro enguiçado sol estrada descarga muscular à noite
    epilepsia das fantasias acesas que desmoronam
depois de pintar a casa e tomar um chá.
    Procura de cor idêntica por borboletas que acordam.
Observação de que a pintura das portas vai ficando curtida, sobreposta.
    Portas vividas. Toques anacrônicos presentes na cortina que o
vento levou. Espelhos redesenhados.

Terça

Pulação frenética de dois cachorros tesudos
à espera da moça que vem a pé pela estrada.
Gatinho desaparecido na horta ontem de tarde.
Vontade profissional de ser como todo mundo.
A cara fresca e compensada da moça que os cachorros esperam

para abocanhar se abocanhando.
Falta de convicção para ser
como todo mundo. A certeza
de ser todo mundo
sem comparação de estreiteza.

Quarta

Vida. Chegar de cidades. Volta. A casa estranha de uma pessoa estranha que parece ter existido em mim até antes. Cada viagem uma noção diferente de tempo. Vida. Ausência e presença. Morte. Harmonia dos ciclos que se alternam na fração mínima do sentir. Projeção de imagens sucessivas e completamente irreconhecíveis na mesma tela. Eu, quem era, vozes, aberturas tão enormes que me fazem o outro, quem ser, apego e desapego da consciência carnal, limites e explosões e rodopios frenéticos no sossego máximo de virar um
sorve-te
bebe-te!
larga de besteira e começa a conversar sobre a água, deixa o dedo das pessoas próximas atravessar seu mamilo, pisa
e faz de você um tapete para os martelos.

Quinta

　　Dois socorros enormes bloquearam a estrada
para tirar um caminhão do rio.
　　Três homens-rãs tinham mergulhado da ponte mas não acharam
o corpo do motorista. Estavam conversando na beira,
comendo goiaba.
　　Todas as pessoas dos carros, ônibus e caminhões
saltaram para assistir à cena.
　　O caminhão pendurado parecia um peixe morto.
　　O socorrista-chefe parecia um diretor de teatro.
O respeito que todos nós demonstrávamos pelo caminhão era apopk
　　　　　misterioso.
　　Um socorro chamava Cascavel. O outro Dinossauro.
　　O socorrista-chefe usava um boné vermelho

e foi ele que entrou primeiro na cabine vazia,
    depois que o caminhão foi içado. Passou os papéis
molhados para o guarda. O qual os depositou na pista
para secar ao sol,
deixando que os populares mais participantes
o ajudassem na tarefa.
Um homem-rã de bigodinho, enquanto isso,
tinha achado na cabine uma camisa verde.

Sexta

Ouço pessoas conversando.
Consigo continuar imantado ao silêncio original que nos une.
Enquanto essas pessoas divergem,
eu entro. Observo a nuca
da que, provavelmente, me atrai mais nesse instante. E só posso
dizer assim, talvez, joelhos, articulação infinita
de qualquer hipótese de existir qualquer coisa e eu de fora.
No auge da observação penetrante desaparecemos
existe apenas a energia de um seio
boiando
alimentando fragmentos que pastam. O raspar das caras
zarpou serenamente por uma rua
onde ninguém chama.

Sábado

Cabeças de sabonete abusando do direito de eu colocar para ela uma suéter azul e dizer que a identificação dos desejos ocorre com a sinceridade paralela de alguma coisa se anular fora e dentro, posto que nisso se resumisse o jogo corporal das nuances, e além os morros, hipótese de eu mergulhar e sumir na grande bunda de capim que dois morros formam, catar as sobras

descompreender a última análise empreendida e ficar retido no seio das águas obscuras, clarão, gelo, fornalha, tudo junto no ritmo da oportunidade compressa, veia desatada para dar sol na cerca, um fio de esperança, uma boca cerceada finalmente livre lambendo, dispersando-se, perdendo a opinião compensadora de existir uma personalidade para ocupar os dias.

Deus esteja nesta cama. Confusão das categorias armadas para distrair os passantes. Recuperação física da massa de eu ser o personagem de um sonho sonhado por quem me olha e acredita nisso. Coice da aceitação calada e dissipadora que nos reúne a outro nível, o de todas as caras, nuvens, corte fenomenal dos sentimentos mostrando só as imagens, nem amáveis nem feias.

PASSAGEM PARA UMA PAISAGEM DE CARAS

A loucura me amansa — e estou atriste. As vacas pastantes passam perto da grota e uma cai no meu olho, é preta e lisa como uma vaca redonda. Estou atriste, não li as novidades da véspera, muitos entravam num botequim mas fiquei de fora. Vi porém um macaco, ontem, tal como hoje vejo a vaca que cai. É uma queda em vértigo, do pasto alto para o olho do sono, isso de acabar de acordar e a redondez bovina, o capim em flor.

A mancha da vaca, entre duas pedras, torce um rabo cinza. A terra farela escorre feito um pó miúdo úmido e vejo um pé de mostarda na parte de terra plana. O macaco de ontem, que me viu o vendo, posicionava-se em situação contrária, era de repente um barulho entre as folhas.

Se eu der as costas para a vaca, como você imagina, penso que o visto eram talvez aquelas pedras da tarde, o menino andando. Fico principalmente refletindo o olhar rangente da mata. O pé de ingá entorta livre ali longe e invento que as raízes-janelas estão abertas no céu. O verde é manso, compacto. A água brilha. As abelhas acordam quando tem sol quente.

O macaco chegou das folhas, ontem, e a não ser por isso era o mesmo que ser hoje a vaca. A casinha igual, o frio igual, a mulher com o bebê no mesmo cobertor azul. A cara que o macaco espiou, essa eu porém não sei. São os círculos da vida que a modelam mutante e tudo o que acontece é uma hora só para ela.

Eu poderia estar pastando, se o macaco visse a vaca, ou então subindo a escada onde o prazer me inaugura, uma pensão por acaso, uma cama e a chave, os braços no fogo dando esses passos de dança. Com os dedos na areia, cravei a carne, com a exata cara do momento presente já deslizei toda vida até bater numa pedra. E é bom sentir também isso quando estou sentindo outra coisa.

Estou sentindo a curiosidade próxima do macaco súbito, a distância da vaca alta no pasto entre duas pedras, o frio e a primeira noite de um homem. Sentindo na espinha um corredor gritante, as costelas pares, um lencinho no bolso e, por certo, a ilusão de calma. Estou atriste. A loucura me amansa.

Quando o macaco me tomasse por gente, e não por vaca, veria a cara do menino da tarde, quando artista. Apenas mais uma rodada quente de quandos na composição de quadros íntimos, poses para discutir a política, raiva e o alongamento das pernas sob a mesa de um bar. De tudo um pouco, na tímida mistura de caras, como se agora um macaco e daqui a pouco uma vaca, ontem os passos até a porta caquética de uma pensão muito linda, hoje um menino que revira na bosta e o capim espigado. O sexto sentido do sexo, antes de tudo.

Antes de tudo estou atriste com a memória inchada, calendário de pernas, presença de muitos braços, o rio e um bote que vai fundo na gente, carregando os sonhos. Você me mira e estou mudando no alvo entre o macaco e a vaca que o menino toca. Sou agora o de fora que vê o filme passando, cobras e ubres, teatros badalados, um dobrar de esquina, um (talvez) pica-pau. O mesmo plano em dois, Iggdrasil e os bichos que se comem para virar outra coisa. No ponto mais alto, o galo do horizonte.

FOI QUEIMAR LIVROS VELHOS
E ACHOU NA MALA UM BEIJA-FLOR

Silêncio.
Achei entre os fantasmas um beija-flor morto de frio.
Estou com muito frio também ao narrar o caso.
Mas minha morte. Silêncio. Não estava.
Queimei então o mofo das situações.
Por mais um pouco eu jogaria na tarde o álcool do incesto.
Todas as labaredas belisconas
e admirei sobretudo a resistência dos papéis atiçados.
Nesse fogo que eu fiz estavam muitas perguntas. Silêncio.
Nenhuma provisória resposta que satisfizesse mesmo.
Os fantasmas poderiam dizer que essa é a minha índole.
As tias conversando por perto,
mas não estavam, silêncio,
e a múmia vocabular dos pressentimentos na praia
que sinceramente eu só vim a intuir depois.
Agora os cataventos do poeta alemão
os muros brancos do poeta alemão
a eternidade do poeta francês
tudo isso queimou.
Queimei a mala cheia de livros e inventei a palavra
praticolombinasana. Naturalmente com isso não se resolveu muita coisa.
Silêncio. Não se resolveu muita coisa
naturalmente.

LOÇÃO DE ANATOMIA

ligaram ele numa cadeira moderna que fazia pensar. Os botões dos andares
estavam todos acesos. Ele pensou na situação da vida e
                  levantou o braço.
ligaram ele numa nuvem, cama & mesa, botaram asas e bitola no herói.
Ele comeu e engordou. Depois emagr'squeceu de tudo.
Como ele morava numa pedra furada, e como isso daria um romance.
Ele estava rodeado de caras na cadeira elétrica da memória à minuta.
Tinha assistido a grandes crimes, podia dar a tempo uma informação
importante.
Ligaram ele viraram sacudiram viram as ideias se cruzando no sangue
hoje ele não tinha segredo, grato, nenhum tomado nota nomoto
viram na virilha do inquirido a lua roxa das tardes
vagabundas, e não adiantava sofrer
na frente do carrasco elefônico mandado bater matar

CAP. III

para ele não valia mais nada
não sim a cadeira caveira
valia a pena esbarrar em tudo, em todos, e os homens que esperassem,
           cérebro zero gelo
apenas pelo seu urro sincero
ele estava carregado na maca. Bateram malharam mandaram para
domicílio ignoto na embalagem ferrugem de sua mesa ou os próximos.
São cinco para as 10 e estou nessa

CAP. II

São cinco para as 5 e estou noutra. Ouvi ele dizendo que os homens.
Tinham chegado uma metralhadora em seu peito. Honestamente
ele achava justo ser justamente o perguntado, mas não sabia para que
tanta pressa tanto soco
tanta assinatura 3/4 tremida

de banda de meia-frente em falso — todas as posições o entregavam.
Era a guerra digital do inqué
                              rito culposo
e ele estava com um terno branco sangrado
que ninguém mais usa. Dizendo que os homens
tinham chegado com uma bolsa de feira
granadas em lugar de legumes
batatas atômicas.

CAP. IV

A LEI DO ENCAIXE

Cogitar entre as sombras da manhã de pijama, sou, quem são insetos, a umidade da vida, o pelo de um misterioso gramado e muitos quilos indigestos de memória no estômago, alguém que me levou pelo braço a vomitar numa esquina ou o encontro de ninguém uma tarde quando eu saí afinal pelas paredes da cela e comecei a provocar a cidade dizendo eu sou um poeta, ha ha, não sei como escrever um sorriso mas posso ter o pesadelo de todos sem precisar fechar os olhos na rua, sei que apenas estou, o lembrante lembrado de pijama e botina carrega na manhã do meu corpo as ideias mais animais de eu me transformar um dia em película, imagem, aragem, escama, poeira ou filtro, qualquer coisa que eu sinto sem poder definir com uma palavra qualquer no momento justamente polar de me ocupar a cabeça a qualidade que há em mim de fera e cuspe, eu às vezes me atinjo me seguro me largo me dinamito me esqueço e volto deslizando a estranhar meu silêncio com o rosto mergulhado num prato cheio de céu: daqui de fato eu vejo longe

e todas as distâncias pensadas são precauções a meu respeito. O sal e o crime dos que matam, o pavor dos que fogem, o êxtase dos que destripam bonecas e se enrolam mais tarde numa colcha de vidro para lamber friamente os próprios pés, as caretas de ausência, a falta, a fúria, o medo simples de ir em frente e perguntar a uma estrela, as mais distintas notações e as modalidades mais torpes boiam nos meus braços parados e são parte de mim. Eu sei, não sei,

eu apenas me responsabilizo por tudo para poder enxergar nos meus impulsos a origem dos outros. Eles às vezes são os meus personagens, dando uma forma mais completa ao enredo-desejo que me limitei a esboçar. Ou às vezes sou eu o personagem de alguém cuja vontade me seleciona a quilômetros e assim mesmo me ordena a dizer uma coisa, a desferir um gesto brusco, a morder os dedos, a abrir enormemente as pestanas, a enjoar de mim, a assumir atitudes ou experimentar vibrações que parecem vagar ao meu redor e no entanto estão raspando rangendo nos meus filamentos internos. Que lado, de que lado, para qual direção, como para que tudo isso ficar assim algum tempo e logo eu me achar prisioneiro na ordem cênica geral do que acontece por mágica. Mas acho. Tramo de uma receptiva com a qual nem sempre dialogo, neutro meu redor de faíscas para acabar de vez em quando com a alma acesa e lavada. Ser um poeta estar detectando as quebradas as pequenas frações fraturas teimosias imensas de emoções aberrantes abertas despetaladas na vitrine do ego onde eu encontro um manequim um fantoche que tem de executar essa dança e sair ileso sem culpa

sem nada propriamente de si. Precauções a meu respeito, todas as distâncias pensadas podiam servir de referência de novo para que os focos da atenção se absorvessem na grama, a umidade, da manhã de pijama, esconderijo, palco disponível dos olhos para a transação dos insetos, bigodes, antenas, contatos, passagem do alimento em cadeia, fricção, analogias de procura e entrega, montagem de sistemas com sinais ou fezes ou a cisma o cheiro o sumo das oscilações de uma folha sob a qual se organiza um batalhão de couraças, arranques, estrídulos, roçar de patas e membranas e trombas e ventres polimorfos rasantes que acopladamente se deitam, prolongam-se num fio de gosma que cintila também, como os estranhos para-choques cromados, a chupada de sangue, o calor calmo, a breve atracação de asas pontudas diáfanas e com isso o retorno — trombas para o ar — ao andar elétrico, onde é que pode onde não pode, bigodes, antenas, alegria de achar, rede de manutenção das espécies, troca, retroca, possibilidades a esmo mas uma coisa anterior a isso tudo que talvez fosse necessário chamar de lei do encaixe. Por ela as forças se deglutem. Por ela os compromissos se atardam. Os movimentos acontecem por ela e ninguém consegue detê-los. De manhã de pijama eu ficava vendo os insetos, os homens e as mulheres correr vendo no carro do espelho a minha barba crescente para eu ter de raspar. Roçar. Fazer. Agir. Participar do andar elétrico em mim.

ASSIM

(1986)

CABEÇA DESFEITA

se eu realmente soltar minha cabeça vai dar um bode medonho
minha cabeça antes de tudo não é cabeça nem minha
ela não passa de uma jarra vazia e eu que a carrego sou tudo
sou muito mais e muito menos porque a loucura do corpo
tanto se retrai comedida como se expande indefinidamente

minha cabeça o que carrega são colírios relâmpagos
pisadas bruscas na visão do instante comícios
domésticos insinuações de procura
mas nada disso a consegue preencher finalmente
e ela escorrega
em qualquer circunstância debruçada no cabide dos dias

se eu soltar a cabeça
a jarra quebra. Que fazer com seus flocos
azuis? Que milímetro exato antecipar ao passar
com uma flor nos ombros?

no intervalo que me separa de mim
quando eu me desmonto na lua
essa cabeça que no máximo eu sigo
diz que eu preciso me tornar seu amigo
para refreá-la

AMIZADES

é da presença dos amigos que eu me torno imantado
na cena misteriosa da minha consciência de eu ser
quem faz e é feito na circulação dos olhares
cruzados sobre a mesa com a pitada inevitável de sangue
que sempre vem à boca quando a boca se abre
e deixa escapar alguma letra na confecção do desastre
que ao falar para os amigos acontece num bar:
entre nós é melhor ficar ao nível da chama
que queima sem dizer.

felizmente os meus amigos são assim parecidos
com quem eu penso que eles são meus amigos conversando
assim na beira da lagoa vermelha desses fatos piscando
na luz pesada da memória latida
como uma pátina cachorra batida
enquanto eu, amigos, impressões, camembert,
altas transações na lagoa sobre a qual nós boiamos
desesperados de que exista um significado certo
e felizes até certo ponto por isso.

na verdade me digo que os amigos estão
soltos no mundo quando eu lembro que à noite
veio um espírito me visitar trazido
pela mão elementar de uma tia que ajudou a criar
essas assombrações que inultimam
                    últimas
                    inutilmente
cobiço para também aparecer no gramado
onde nos sentamos domingo conversando.

a alegria dos amigos não é o estar das visitas
falando com maledicência e recato, mas o silêncio
perfeito e dividido da fruta que comemos
como rimos reclinados no chão até de nós

ou principalmente de nós que nos mancamos
de sempre estar dizendo uma coisa pela outra
no cruzamento etéreo de numerosas cabeças
que se pensam momentaneamente e desaparecem.

BANDEJA, DESTINO, DESEJO

Aproximam de minha mão a bandeja,
que ao invés de copos
contém taças que são cabeças
cheias de vinho até a testa,

e fico sem saber onde devo
pegar, temo beber pessoas
diferentes da minha idéia de cara
que a princípio só estava num coquetel.

Vejo essas cabeças rodando
com o líquido espesso
dos seus sonhos peculiares
através dos olhos.

Caras que se contaminam
ou no balanço da bandeja
permanecem intocáveis
apesar de tão próximas.

SERÁ QUE FICANDO VELHO DÁ PÉ?

a cara cheia de bilhetes passeio
da cabeça pelo meio do tédio

inútil procurar compreendê-lo
ou chamá-lo de fio das profecias

esse movimento espontâneo
já carregou minha segurança de gente

e a própria teimosia de bicho
parece ter sido violada inteira

no simples fato de passar uma tarde
tentando fabricar esperança

contra pontas e conveniências que rangem
a resina diabólica da desistência

a vontade de pular outro muro
que antes precisa ser inventado

antes precisa estar contente sozinho
calado de apreciações que não bastam:

viver de olhar o pé se mexendo
nas circunstâncias medievais da meia!

METAFÍSICA E BISCOITO

no meio dos latidos da noite
quando o silêncio atinge a qualidade
dos latidos da morte e as folhas caem
impressionavelmente sangradas;
no meio frio de um colchão inquieto
com os olhos pensativos resvalando no teto
e as mãos descendo pelo corpo
como a buscar sua realidade longínqua
quando os morcegos da melancolia
atravessam sem bater entre as árvores
e alguma coisa enraizada confusa
parece brotar de novo entre as pernas;
nesse espaço fundamental reduzido
onde as ideias se sucedem largadas
numa associação intempestiva
que é impossível deter ou compreender;
no cerco sem limite de um quarto
que roda em vários mundos e alterna
com a sensação de não haver nada disso
que dá contorno e forma à própria insônia —
— o homem dá um salto e se puxa
para fora do pântano
e devora um biscoito
e bebe um copo d'água e acende
um cigarro e mais outro.

LARANJA PALMA

1

de novo pensar que sim quando nem
chegado ou solificado me escuto
dizendo não e não para os outros
dentro de uma consciência de ilha
que alarga sem eixo esse relevo
igual ao das caravelas antigas
e não exatamente parente
do relevo só geográfico das coisas
que existem na pele das aparências
como monumentais excrescências
da idiotice já codificada à mão
para nos imunizar em sistemas
da temática cada vez maior
que surge ou ruge serenamente
igual a um corpo que se abandona
ouvindo a lamentação das veias
ou mesmo de alguma porta o estampido
nesta aceitação de um momento.

2

pensar que sim que não sim
como se eu tivesse um revólver
para decidir sem argumentar
se aqui fico ou se daqui
prossigo para novas paragens
que já sinto aliás andando
noutras regiões onde nunca
garanto ter pisado depois
de ouvir a pata da realidade
premindo meu coração como um selo
na carta escrita para o que

chamarei de mundo ou fundo ou ainda
de baú lacrado
na esquina cheia de colunas
com ninguém trancado
senão o sim de um dois que hoje não
quis ser demais e foi ficando
sombra de sua própria pessoa
indecisão de cumprimentar
e sorver para sempre aqui
daqui agora os argumentos,
paragens, regiões, depois.

3

alguém aperta em mim sem querer
um vulcão extinto que não acaba e desaba
sobre possibilidades antigas
de abraçar o cosmo imoderadamente
cantando até desilusões e procelas
ou mesmo desentendimentos solenes
por causa das palavras que não
conseguem ocultar os afetos
grunhidos pelo animal na gente
que no entanto usa sapatos e ternos
pensamentos para aliviar o derrame
da inútil saliva labiada oscilante
com a qual equilibramos na boca
ora um beijo ora uma ofensa ou então
mansuetudes por detrás maléficas
das quais nem nós desconfiamos na hora
embora com alguma curvatura
procuremos significar um bom-dia
para os anjos contrários.

4

fome de nomes e uma guerra vazia
para encher a geografia mundana
dos terrenos edificados assim
que alguém decreta que fará uma coisa
para suprir uma deficiência de mando
na casa onde o governaram e não
puderam suas labaredas queimar
como imensos balões de fantasia
pernoitados no colo enquanto
uma senhora descascava o futuro
na palma da laranja e esse alguém
ficava olhando pernilongos na luz
com um desejo atravessado de estar
refazendo aqueles mapas estéreis
que ele teria de comer com o nariz
pingando estrelas e canções
impossíveis perguntas
antes de deitar tão sozinho.

CONTEMPLAÇÃO DOS SEIOS DAS BETERRABAS

manhã de chuva banheira
na horta sabiás
cantando
em volta
de uma enorme figueira
cujas raízes abraçam
uma pedra enorme
que parece
um ovo
de musgo cristalizado
depositado pela própria
árvore galinácea
fenomenal
parada entre os canteiros
de alface
e depois uma tira
de terra vermelha
na qual despontam afundados
os seios quase roxos
das beterrabas

PESADELOS

paro para receber os amigos e depois tem também
um embrulho para retirar no correio sem dinamite na mala
do carro que a polícia revista me levando
para conversar no banheiro sobre a groja;

fujo do centro decisório mas também sou mandado
e mando pelo menos nos macacos do cérebro
que esquentam, falham, prometem fundos
pensamentos e ficam navegando na pele;

isento-me para comparecer perante o pedantesco
burocrata que carimba meu rosto e fotografa meu cu
sem nem me dar um tempo de explicar para ele
que estou com as hemorroidas ardidas e ruborizo;

passo no banco antes para contrair uma dívida
com a moça que guardou meu lugar na fila enorme
a qual ingenuamente por uma hora eu namoro
gostando até um pouco da espremida geral;

visito, sou chamado a depor, vou preso
fico uma semana de plantão no hospital
até sentir de perto a morte ali caminhando
varrida pelos serventes de macacão azul.

METACOMÉDIA

a boca da rua aberta comia amor e pipoca
depois ia cuspir um cavalo na cabeça da fila
fálica do sono dos ônibus com olhos-engates
gozadamente se cumprimentando sorrindo
na crina da velocidade sem metas, e motos
raspavam na brecha roxa da nicotina contida
em cada beijo de sorvete-soquete uma vitrine
de meias tardes fantas meias tintas vontades
adocicadas de passar escorrer iluminar
de pipoca gratuita o mar das caras
fechadas de madames-fachadas que também
ali seriam derretidas virando
uma esquina e papéis, cavalo e motos, rótulos
puxados para logo esquecer qualquer lugar
na plateia da boca: aplausos falas urros
sarros corridos entre os carros e a lua
vigésima de neoplástico imposta aos pés doídos
de todos os que estavam vagindo
                    vagando
vertendo, do mistério do céu, seu pó mais fino
que não tinha função e no entanto moldava
essa nossa comédia que é o pão dos divinos.

CAMINHADAS

bicho na mão dos acontecimentos passando
remédio no mato queimado
rodagem de ônibus desenfreados
lotados deixando
pedaços de carta voadora

senhas e revelações numa língua
de lata de cerveja revista
largada numa lagoinha mofando
enquanto o capim arfava
perto da pedra!

toque despencadeiro posto
de gasolina iluminado PF
ônibus-obuses bufando
e uma rã taoísta.

*

oi morro oi boi oi cachorro oi sandália marrom
de viajante pelo pé na aventura oi dificuldades,
comodidades resolvidas talvez, oi água na mão
na hora exata de ter sede, oi perfeição danada
de ter a pata na sandália da estrada e até sem bolsa
curtindo cada virada totalmente despe
daçado despencando e florido como um tira-gosto
já que nesse instante comia o próprio Sol
mamava novamente no cílio das noites
ou distraidamente se dava para o pasto dos bois

*

água risada motorizonte janela
barroca fazenda esburacada chicletes
na sola derretendo paisagens

provavelmente derretendo linguagens
de gente misturando cachorro
a falação do bambuzal o silêncio
inquietante do bambuzal o soluço
do caqui nascendo com uma abelha no umbigo
chupando sem escoriações seu açúcar

*

cabeça no ninho da penca de pedras
capote cortante no pescoço do vento
garupa da lua
vazia

SOBRENATUREZA

1

existe uma força que me surpreende lá fora
de mim. Quando a porta roça o quarto
arrebenta em silêncio. Uma força estranha
e familiar às nuvens do meu lento passar
em certas curvas
carregando por exemplo esse galho
que eu sinto me puxar para o fundo
do chão. Chamo-a força da espécie, cruzamento
de vento e musgo. O fundo poço das dobras
dos olhares de cada dois por acaso.

2

uma força de pedra move os bois
do sono. A força concentrada dos dedos
ou mais precisamente da ponta
de onde o sangue se retrai e retorna
para o seu lugar infinito. A força firme
da cara torta abandonada um momento
no esquecimento mineral de tudo.

3

plantei e ele nasceu dentro dela
que estava um anjo louro de chuva
morena quando ele de sangue
um berro que me fora na espera
de ser um marimbondo uma santa
que era ela de água e lençóis
na força de criar um momento
que era um movimento ou ele.

4

o susto pesa leve ao passar
onde, por força, eu fui
quando desocupo da cara
e viro bruscamente uma coisa
que era a sala inteira rodando
parada nas cadeiras do ar.

5

a força existe na parede dos olhos
samba contida e doida em cada gesto
a força brinca em branco de sorrisos e choros
afoga e surpreende
passa eternamente alheia a quem somos
no simples ato lento de eu me abrir um instante.

6

estava a língua presa uma longa
na estrada do princípio das coisas
com tudo que podia e não era
e nem na realidade pensava
no simples sentimento da terra
molhada pelo sol das vertentes
ou fundas aspirações latentes
por dentro de um homem centro nenhum
em cada pisada branca no chão.

A POESIA E A MATANÇA DOS MOSQUITOS

Cada poema original que escrevo à máquina contém pelo menos 2 ou 3
cadáveres de mosquitos esfregados no rolo.
Isso porque escrevo muito de madrugada com a luz acesa.
Antes de amanhecer eu apago para espiar a mutação de cores.
Meu editor um dia vai receber a coleção completa.
Parece que Pablo Neruda colecionava por sua vez caramujos.
Uma senhora que me visitou outro dia achou que tenho alma de artista.
Como as pessoas são boas observadoras agora.
Os meus cachorros latem muito de noite quando estou escrevendo.
Eu acho isso muito chato porque fico tenso.
Às vezes eu penso que vai sair do mato um macacão enorme.

FEITIÇO FANTOCHE

Os meus papéis estão cansados
de mim. A minha vida está partida em derrotas
vitórias retornos e alucinações. Meu cérebro estancou há séculos
quando uma parte de mim viu uma estrela caindo
dentro de um chapéu que não era. Eu não existo
nem sou nem tenho tempo nem espero escrever
as brancas confissões de ninguém na cela em branco
onde apenas outra parte de mim pensou morar como um urso.
Eu simplesmente estou chegando de um ponto
disperso antes
e partindo para um ponto depois
que é talvez o mesmo. Eu mordo a borda de um vulcão de desejos
que não se realizam nem cedem
e só transformam seu calor em palavras
de cuja consistência eu duvido. Eu não me enxergo
não ajo, sou agido,
sigo as molas do corpo e a noite rola
por cima da ilusão do que eu penso
puxando para onde bem quer os meus cordões de fantoche.
Mesmo assim, de vez em quando, eu sei voar como um louco
abrir o embrulho do presente agora
na hora de olhar um boi na janela
e por ele ou por mim passar sorrindo
sem qualquer finalidade mascando
os pratos que também me devoram
quando eu acho que vou comer qualquer coisa.

CAPIM

1

hoje eu posso esgotar
o estoque a estocada
de determinadas palavras
que estão sendo consumidas usadas
no intervalo irregular do meu cérebro
onde as palavras fabricadas
quebram-se caindo dos ossos
da caixa craniana fechada
porém sangrando na raiz
dos meus cabelos his-
tóricos enrolados
como um chafariz
de sensações

2

eu digo um chafariz
de sensações como as que eu gosto
com a minha violência afetiva
logo desmanchada em capim
sem mim ou misericórdia
como se agora eu estivesse acordado
ao dar com uma caída de nuvens
que ofusca minha ideia de ser

3

quando acontece essa união com o capim
eu já não sinto necessidade de ser
o mim acostumado da nossa fome de nomes
domados para dobrar e pôr na boca da sorte

enfim normal como dormir ou parar
assim entrando realmente na terra
com a mão da morte segurada num riso
que realmente não tem por que doer alegrar

4

o traçado do capim do corpo
junta os ossos e as nervuras
do céu numa coisa só que
seria antes a não-coisa difusa
que a neblina desenha
com seus dedos igualmente hipotéticos
passando na existência tremida
duvidosa
de um morro totalmente verde
coberto pelo capinzal corporal

5

coar o corpo na própria química
da goma inevitável de tudo
que é derramado sobre a pele e
passa os ossos como um corpo qualquer
atravessa uma parede branca
sem deixar nódoa:
na química de tudo é que estão os comandos
dos meus anéis orgânicos presenciados
ali, numa derivação contínua...

ANDARANDANDO

No salão das pessoas

a cara escancarada que eu levo
gosta de passear pela vida
olhos delicadamente passando
acaso você parada no meu
ângulo da situação sem posse
que nos faz ver um ao outro
aqui sem onde na sala acesa
da nossa cumplicidade entre mais
pessoas, e você me vendo
sendo tragado nessa atracação com você
apenas entre nossas pestanas
roçando gloriosamente tão breve!

Na toca

às vezes quando eu fico contando
quantas caramuças que eu nem
farei ou colocar na cabeça
peças que ninguém acredita
e ela de repente terá
de ouvir ou derrubar nessa mesa-
-cama de guloseimas tão meigas
já antes oferecidas assim

Nônibus

o ônibus da Única ou Fácil
parece que vai caindo
na curva florestal que ele deita
tão de perto zunindo
borrachudo que nem uma sanfona

motorizada
fazendo tobogã morro abaixo
cheio de ipê nos olhos
sonhos na cabeça
desfiadeiro
palpites de urubus e
garças belicando óleo
faltou um s
no mangue

BONITO E CONTRASTADO

levei anos para dizer que levei anos
para dizer uma coisa que eu não sei como é
que deve finalmente ser dita
à maneira de ofensa ou de oração
Parei
pensei um pouco mais e resolvi desistir
porque ainda é cedo
porque senão perde a graça
antes do fim
hoje é uma segunda-feira em novembro
o dia está bonito
muito bonito
e contrastado

AO SE ABSTER DE ENTRAR NA GOELA DO PRÓXIMO

a única coisa que eu sinto que mudou foi a minha voz:
eu agora falo muito mais baixo
não procuro impor meu ponto de vista
prefiro observar os botões do interlocutor
e, se possível, acompanhar o deslizar envolvente
das emoções que se energizam no meu
equipamento; acho que eu sondo mais o próximo
do que antes, quando fazia questão de o granjear primeiro
em vez de deixar que ele venha
quando quer ou não. Sinto que o meu trato mudou
na mão que aperto com distância e compaixão bem maior.
Parece às vezes que eu não faço mais tanta
questão de ser gostado e jantado
pelo olhar do outro.

VENDACALMAVAL

aqui existe uma latinha vermelha de guardar sentimentos
uma porção de soluções para o dia uma caneca
sempre azul e vazia pendurada no prego um pouco abaixo
de um desenho do inferno onde o poeta mergulha
no fogo provisório das convicções sobre a mesa;
aqui existe um dicionário amarelo de palavras trocadas
com anotações misteriosas que alguém deixou entre as letras
para o poeta admitir que ele consegue sozinho decifrar uma coisa
que na verdade vai rolando e é tramada muito longe e fora;
existe a mata rastejando a dois passos entre anéis de neblina
e no rosto marcado a impressão muito fina de alguns dedos distantes
que até já podem ter morrido ou quem sabe são raízes de chuva
anunciando sobre aqui o que existe um vendaval e a calma.

É CLARO É ESCURO É CINEMA É BOM

depois de muito penetrado de muito antes da hora
dentro de tantos e de novo largado na expectativa fatal
de algum outro perto é claro por suposição de manhã
envolvido em lençóis ainda assim
de pijama aéreo tentacular de flanela azul enturmado
com as pessoas do sonho e o sonho é claro das pessoas
que talvez nem existam mas ocupam a cama abrem os braços conversam
falam por sua vez de numerosos lugares outros deitados
e sangrando mordidos ou de pé ante pó esclarecido voado
no cinema das coisas
claro
no único cinema completo a mão do lado esbarrando
metendo é escuro a boca ainda espumante em mim assim devagar
bem é bom e claro um momento lento a vagar
forte dos filmes
que passam naturalmente gritando com madrugada e cachorros
que passam naturalmente gritando
como um velho ajoelhado que eu assisto vivendo
a me devorar é claro representando só para mim
ele que é um velho ator desgarrado
vivendo
a me representar etc.

RIOS, RAÍZES, AR E CHÃO

ponte represa mandiocal banana
brejo com lua cheia
pé descalço na trilha
cumádi

Kundalini na barriga
bem deitadona

cumádi Kundalini essa força
de cada um no seu umbigo
totalmente acordável

cristalografia do fato

*

dorme na banheira de pedra
olhar profundamente acordado
sem memória

corpo musgo
membrana de areia
brilhando no pé

acôrdo
morte acordada
ôlho vivo

*

serões
de borracha de carro eventual
passando

noite sementeira aguada
carro arrancando de manhã ainda
com um farol aceso sonolento
serão de tradução na mesa
enciclopédica de beterrabas
e anéis matemáticos
        andrômedas

sono letárgico
alicate alfabético das pestanas
caindo

      *

perna melada capim-gordura
banho de poço depois do almoço
quanto pé de milho no bico
da enxada

corpo dando milho
corpo espiga suada
trabalhando
contente uma borboleta no ombro

tanta espiga satisfazendo
tantas amizades voltando
no lugar

      *

gatos cachorros e carrapatos
gritaria inaudível
do silêncio

sentimento da noite
desfolhando sentimentos do dia
sem açoite

solidez conjunta
sono dentro das árvores
confiança

lugar de apreciar com prazer
sendo passado pela respiração das coisas

sorriso
provisório de anexação
de tudo

*

caco de azulejo descarga florida
tubulação de plástico enfeitada
de vermelho aparente com umidade
de banheira de neném pendurada
privada com uma samambaia na testa
um frio no cangote a solidão
brejovagalume pneus encostados ru
minações da couve que está sendo plan
tada com cada dedo lambendo
um êxtase pacato com sangrações
também altercações com as lagartas
comícios ondulatórios de vacas
não ouvindo nem um trem
no botão da memória desligado
o gado transitório das muitas
partes de uma pessoa
sendo pastoreado por ela
que os ventos alisam

*

água de pedra: deitada embaixo
dessa que a qualifica
como um olho

derramada na borracha preta
ela é levada morro abaixo
para lavar e aguar a casa

é uma água indômita
de tão modesta
captada

EU E OS CABIDES DO DESTINO

tudo cedo parado e eu novamente confuso
usando a roupa de um fantasma tremido suando
de andar por dentro de uma árvore aberta
muito imprecisa e sem qualquer novidade
que fosse idêntica às dentadas do sono
ou aos cabides do destino abalados
pelo sinal de alguém entrando tremido
gemer no meu desejo dançado assim que eu
próprio pensando amargurado o mastigue
sentidamente absoluto e marcado usando
o tição da roupa etérea de um tardo
fantasma juvenil que me devora também
suando de andar no caule ambíguo dos meus
braços longos e rasos
       rasos e longos
na tentativa de virar uma árvore onde
antes havia simplesmente essa dúvida
de dar ou receber os meus frutos
que são pessoas fugitivas do acaso.

BONECO A VINHO

bebo de brincar um copo sangue de vinho quando
acordo mas por que do boneco e nele volto a dormir
rodando autômato intranquilo no mato perseguido
por minhas próprias fantasias que logo
se dissolvem no fogo e também tingem a cara
paradamente olhando as frutas que engordam
no vale calmo das montanhas caladas com alguém longe
que olha também a metafísica tonta de um sol tinto
e não me sabe aqui bebendo isso tudo em cada parte
do olho do meu copo maluco pousado perto de abelhas
cujo trabalho se resume em ruídos que o meu sangue
converte por exemplo em ciúme em dúvida espantalhos de medo
montados porque eu lembro descambo
para o boneco que me agarra me gruda
me obriga a ser pequeno ao tentar
compreender o que não cabe num copo
e nem jamais coube no sangue que eu brinco
de derramar sobre as montanhas do corpo
habitado divino e ao mesmo tempo deserto
de lembrar fantasias.

CHAMAS DE MESA

há uma grande variedade de fósforos
— Queluz, Missões, Ypiranga —
na confusão organizada da mesa
em que trabalho há vários anos;
a luz entra por onde não sai um beija-flor.
Há lenços sujos, a lanterna amarela, uma ampulheta e um copo.
A quantidade de caixinhas de fósforos realmente me espanta
de eu ser de certo modo o ter abrido elas todas
sem me notar no movimento da pequena chama de cada
do qual eu participo ao riscar.
No tampo volátil dessa mesa há uma dureza encantada
que apenas me garante a presença, seus pressentimentos gratuitos,
o instante de tocar uma coisa ou de limpar o nariz.
Alguns gestos são feitos sem retratos aqui
mas existe no tampo a marca da memória marmórea.
Ela é uma grande mesa-balsa e por isso
pode também perfeitamente zarpar com seus pés de armar.

ABERTO PARA OS DEDOS DE DEUS

se eu fizer pelo menos a manhã começar
dos meus cabelos e tirar mais um pouco
da última fatia e não ficar lamentando
a primeira oportunidade perdida, e se eu não der
bola para os preconceitos que me reduzem até
eu mesmo achar que sendo um ser humano eu me explico
na complicação cósmica desses bagaços distantes
que são tão simples,
se eu realmente não puser mais o pé na fantasia
do dia que está à minha espera e represa
tantas demonologias ferozes que eu esqueço de olhar,
se eu não ficar completamente maluco
por isso e o desejo de cumprimentar
deus em pessoa.

FÓRMULA PRÁTICA

meus melhores momentos começam por não pertencer nem a mim
nem à ordem das coisas ou à classificação dos inícios,
fins e fases intermediárias; são meus apenas na antessala
do susto que eu levo ao sair de mim de repente
embora continue a fazer alguma coisa tão simples
como pentear o cabelo com uma ventania na nuca.
Meus melhores momentos não dependem de eu ter
ou não uma rotina de vida ou um lencinho xadrez
porque acontecem à margem nas montanhas ligeiras
trazidas pelos meus mesmos pés mas estranhas.
São momentos imóveis a contento, que se imobilizam
numa transformação coesa e colorida de brasas
cujas cinzas eu experimento tomar
depois.

NU ESPÍRITO DÁ COISA

Para você pensar que está é que existe
a repetição dos hábitos
que atende por esse nome ao qual se acostumou pensar
que é um homem assim com meia dúzia
de retratos lembrados
que sinceramente ignora quando faz as coisas
mais vitais do dia
como acordar e gozar
deverasmente
quando os estilhaços do cérebro
viram rins e respirações frenéticas
freada do espírito abrangente
que bruscamente nos ultrapassa e apaga
no contentamento geral de uma almofada cinza.

O TEMPO DOS TEMPERAMENTOS

assim fica comprovado
no domínio energético
que a confusão já estava armada
no começo do mundo
quando o criador pôs os bichos
para fora da arca
cuja marca
eu já não lembro
mas sei que no domínio energético
a luta dos temperados
vem do tempo dos temperamentos
em estado vaporoso
sobre os leões
tendo em vista inclusive
que esse mundo pertence
à ciência do hermético
que é uma bolha
de ar.

A TERRA DO MIM

na cisma da roça o mim dilata
observando tão de perto a menor das coisas
cujas folhas curativas se abrem
rabiscando no dedo um grão humilde

as bananeiras parecem rir desse medo
que a pouco tem de ser controlado
reduzido e repelido para o mim perceber
que nada nunca o separa do comum das sombras

assim como esse cacho cortado
por mim terá de ser dividido,
as folhas do mistério apenas brincam de imagem
armando para mim seu quebra-corpo selvagem

para mim e por mim a natureza-beleza
tece diariamente seus cipós e enredos
permitindo que a entrada no mato
seja uma doação voadora como a dos insetos

a lama a cama a fama o cocô e a casca
tudo participa dessa sensação-liquidez
que leva realmente o coração pela ponte
mas quando eu olho mais de perto só encontro um sorriso

pedras que estão sorrindo percebem
a unidade da botina com as unhas
o continuísmo íntegro de um pé de milho
até as cavidades do estômago

para mim e por mim tudo está fora
da hipótese de eu ter entrado algum dia
numa coberta coerente de pele
que é idêntica na tessitura à poeira

lá ali estão logo e nunca
as coisas que se encontro eu perco
na concepção de mim momentânea
que foi uma defesa sem fundo

mim no máximo serão lembranças vazias
tiques articulações maneiras
ansiedades que obscurecem o alvo
quando é o alvo que na verdade me escolhe

colheitas de borracha me alargam
nesse momento bem de terra deitado
no útero estacional das raízes
que bombeiam borboletas de seiva

ei você me diz o mim aí vendo
veleidades de verdades em tudo
que não cabe no querer dizer que ele é
a saliva sentimental e só

você cortando pendurado de noite
o cordão já podre das fantasias
ou você então e sua estátua de sombra
zombando inalcançável do apego

cartazes de você predispostos
a uma impossível reunião de desejos
e também suas parcelas caindo
como dentes enferrujados na mesa

seja sempre você me diz o mim
pois é assim que você chega a não-ser
nem mais nem menos do que a liberdade idiota
de participar serenamente do ar

o ar te come a boca aberta
atrás da porta o sereno espia
tudo se resolve negando
mexendo nas afirmativas gerais

sem mim não tem por que nem você
deixa de atravessar quem seja em pé
ou vira, deitado, uma condição
de cobra dorminhoca sumindo

não tem essa paralisia da ideia
não tem esse poder de ficar
não tem um diamante pescado
não tem uma finalidade qualquer

é dodói mas também é remédio
são mínimas transparências que passam
a enxada que você segura com força
e te finca razoavelmente na terra

no entanto o céu cai no prato
e mesmo a misturada dá certo
tudo que acontece dá certo
ou ensina os movimentos então

na hora sem mim deságuam bocas
quebram-se as barreiras de eu ter
pensado, prensado, prendido o corpo, premeditado
o que naturalmente fracassa

ossos peças coisas sólidas firmes
não há em mim estritamente que sonho
e sinto que esse baú não existe
para desmanchar meu prazer

SEMISTÉRIO

Não era o que as pessoas estavam
procurando na fila. Nem o que o meu lado perdido
tinha mastigado ansioso até a esquina do vento
que agora é uma invenção literária. Era
um minuto absoluto de despojamento calado
como se andando eu continuasse parado
e já completamente sem meu peso defunto. Eu vinha
perguntando por mim há várias quadras
tinha passado pelo cemitério os bazares
e perto desses mesmos lugares
que são os lupanares da morte
eu tinha visto aquelas lojas que vendem
anjos dadivosos de mármore
para enfeitar a última ilusão das famílias.
Sim, o cemitério se divide em gavetas
de invisíveis catalogados no morro
e do outro lado é uma avenida vaidosa
com grades e correntes perpétuas
em volta de ostensivos jazigos
que nem mesmo no fim deixam que as almas
voem do seu sentimento de posse
para uma doação hipotética pelas cidades do alto.
Fui mastigando essa reflexão pelas ruas
duas moças olharam para mim como um bicho
porque de fato eu me achava muito abatido
tendo pensado que as vaidosas palavras
que eu poderia cimentar com saliva
eram no fundo iguais à ilusão das famílias
querendo manifestar com seus mortos
uma impossível permanência de instantes.

LARANJA MÁGICA

Tudo existe porque foi pintado à feição de uma laranja mágica. (CDA)

por aqui por favor venha comigo e entremos
a manhã amarela está caindo em meus braços
um homem toca o boi dos meus sonos
e tudo principia metralha
requisita minha ilusão vagabunda de estar contente sentado
meu filho está dormindo crescendo e as telhas cobrem destampam
tempos teimam em manter-me escravo da alegria mais besta
bocas que não são a minha falam nesse pelo disperso
que passa pelo olho e me beija

meu olho por favor são laranjas
que acendem numa cabeça de asfalto
e tinta
meus braços e meu cabelo escorregam
na escada de uma pensão muito humana
que é feita pela cabeça e seus quartos:

por aqui de manhã o boi da calma redonda
por aqui de manhã os pensamentos malucos
de morte
e um gordo cachorrinho safado
chamado Coração crescendo.

Entremos no quarto limpo das mentes de que eu resulto no agora
quando alguém me pensa eu penso alguém e me viro
os bares e os bois e as tardes cruzam-se casualmente em mim
quando alguém se torna o um essa manhã se transforma
em manequins
os galhos estão cheios de sóis
laranjas do menino brincam
no gesto de pegar o momento.

Brancos manequins de manhãs comigo dentro do tempo
barcos abstratos que planam entre lama raízes

branca diluição na mulher que me transforma em nenhum
pianos tocando em fogo na branca construção de uma hora

bocas no sereno do samba
variações de esquina
laranja e sóis.

A manhã amarela numa mistura de passos na mistura de peças
que faz-me de tantos corpos trançados
na dança de ser alguém por aqui

A manhã das misturas de estar nenhum quando acordo
e os galos estão cantando cabritos
estão dependurados no morro

distâncias estão marcadas e as unhas tremem de novo
a cara ainda enguiça talvez e minha fome dispara
de novo as unhas tremem no ar para apanhar entre folhas
um mundo de sementes e gomos em rotação de cristal
um nome a memória o número
larvas de esperança
na laranja e janela.

MISTÉRIO DO TREM

a dona me viu
e disse vem cá
como é que você
se chama
bonito nome
combina com você
eu fiquei sem graça
isso foi no trem que eu ia
que a dona também ia
pro interior
mas eu ia visitar
a tia
com a dona eu não tinha nada
foi ela que
ou então foi a poltrona
que jogou a mão dela
o olho dela
na minha perna
cáqui
do colégio do imperador
onde eu tinha estudado
o ano todo
como obter amigos
e influenciar pessoas

LEYENDA

O urubu compadecido
disse que a mulher ioruba
era muito malvada
não ligava pro menino
que chorava o dedo
desastradamente cortado.
Mas o sapo atrevido
achou que ela era sábia
como todas as iorubas
costumavam ser.
Que o menino doesse,
pois não tinha jeito.
Esse mundo é o mais perfeito
para a gente chorar.

LIÇÃO DE RODA

1. pode-se fazer de uma roda
de carrinho de mão
uma escotilha na parede que dá
para o mar de capim e pó
onde depois do almoço as nuvens pastam
com suas sombras pesadonas às vezes
encardidas de chuva.

2. basta que essa roda proceda
do sentimento de um amigo que a trouxe.

3. abre-se com a talhadeira uma brecha
chumba-se a roda como der pé
passa-se depois de feito o remendo
a mão de cal que hoje estão vendo
em torno da escotilha de ferro
na qual se transformou essa roda
usada e finalmente pintada
apenas por uma flor amarela
que passa casualmente por ela
antes de invadir o meu rosto
que estava posto na direção oposta.

4. a massa é feita com essa areia lavada
que eu trago lá de baixo do rio
em dois baldes espandongados batendo
nas coxas do calção;
é feita com esse barro vermelho
que eu misturo no cimento suado
para ver como fica.

5. a roda é colocada no ângulo
que melhor encolhe minha ambição
de dominar uma paisagem que seja

Assim

ou outra ilusão assemelhada
ao desejo de olhar mas também se ver em destaque.

6. tendo sido presente dado
ela me torna mais tranquilo e contente
para conseguir encaixá-la
na dissipação dos meus dias.

7. para mim ela é uma roda-escotilha
engatilhada no navio do tempo
que nada sobre as ondas do ar
como um peixe milagroso e elétrico
que nem as árvores seguram
quando estão ancoradas
com sua enorme cabeleira de procriação e orvalho.

8. eu tenho um sentimento por ela
que já parece não ser o apego
de eu a ter tido nos meus braços
ou melhor de ela ter aqui transitado
no momento sem posse
em que nós nos entregamos ao mundo
para enfim poder viver fora dele
olhando-o através de uma roda
mas também já sem olhos.

COMETA NA RETA

Jogos de fogo nos anéis do nada.
Maciça brotação de capim — entre as costelas.
Um morro, um dedo aceso, alguma dor.
O sentimento de um cometa na reta escura.

Museu do céu. Lenha, senha, vapor de sonho.
Olhos vazios de plenitude aberta.
Calos, sombra de pássaros que anoiteceram,
erradicação da memória pelo sacrifício das brasas.

Queima de mim, choque de coisas. Feliz
desambição no meio da fumaça que passa.
Raça de fantasmas povoando cabides
e um pouco além pedras concretas, noturnas.

Distância. Lumen luminoso. Fogueira.
Rosto sem resto sem pista sem figura composta.
Apenas um espelho de chamas. Funda
sensação vulcânica de estar ardendo calado.

Sangrou, sagrou. A terra treme. A voz
congela. A espinha dobra sem orgulho, a
alma parece ajoelhar-se brincando,
como se tivesse raspado alguma asa de anjo.

Majestas. Augustum. Energicum. Fascinans.
Mysterium tremendum. Morte momentânea
de qualquer desejo. Fluxo contente sem nexo
e só uma nuvem de formigas no peito, na imobilidade.

Cama de grama. Broto de capim nas costelas.
Filas históricas de mediações suspensas. Malas
anômalas abandonadas. Cidades movediças paradas
na areia do tempo. Claridade sem tampa.

Terapia de estrelas. Sossego de animal normal se coçando.
Paciência de água. Digestão do fogo. Ouro e cinza. Pó
de osso que ainda resta nos dentes. Lumen, numen
— exalação de coisas que se aceitam na inconsciência do êxtase.

Um pé de flor. Um pavor de ser. Uma porta cega.
Uma entrega no endereço trocado. Um arrepio.
O pavio de uma última vela. A chama esbelta
que pede para ser esculpida. E aquele gesto.

ADEUS À BANANEIRA OCIOSA

Eu estava plantado aqui como uma bananeira ociosa produzindo fumaça.
Parece que a fumaça trancada não me deixava enxergar o sofrimento dos outros.
Eu estava com a vida resolvida e marcada por hábitos tentaculares estranhos
que me devoravam. Às vezes eu ficava um tempão virando água ou café
na beira do fogão conjugal que me igualava com ela pela boca e o tempero. Eu
tinha medo
da mordida dos homens, e por isso comecei a descida pelo funil colossal da
minha alma pequena. Eu não queria mais saber das esquinas
e tinha decidido virar um tigre sem manchas, com a barba de cristal e
um colarinho de ouro. Parece que eu estava chegando
a um país oriental de mentira e maravilhas de pedra.
Eu tinha decidido também que eu ia esfaquear uma nuvem para contemplar o
mistério. Ou então que eu ia construir uma asa para viajar para o sol.
Eu estava sentado aqui tramando coisas assim sob a figueira frondosa
quando porém uma criança nasceu na minha cara e chorou.
Eu não podia mais olhar para dentro porque a criança abagunçou minha vida.
Eu não podia virar café nem água nem sombra porque a criança na verdade
entornou o caldo dos hábitos. Primeiro eu perdi o peito da mãe
e depois eu deslizei do nirvana para a tentação do ciúme e a banalidade
das fraldas, do cheiro de bebê que entontece, das mamadeiras matinais que
engatinham com sonoridades perfeitas.
Passei um longo tempo correndo carregando no colo esse menino e o segundo.
Perdi a consistência do sábio que eu tinha admirado produzindo minhocas
de mentalidade abstrata. Ganhei em troca a sensação esquisita
de estar no meio do caminho da vida sem ter porém começado.
Parece que os meninos é que vão me ensinar como se anda outra vez,
sem rejeitar o que vem quente, colorido e espantado na bandeja da hora.

SATAKA DE BHARTRIHARI

(Índia, c. A.D. 650)

Terra minha mãe, pai ar, amigo fogo
água minha prima querida
e você éter meu irmão —

— este é o último adeus
        para vocês.

Agradeço o que fizeram por mim
enquanto estivemos juntos.

A alma conheceu
seu pouco entendimento afinal
e agora volta como pode
para o Absoluto total.

ARGUMENTOS INVISÍVEIS

(1995)

AO SONHADOR, O INVETERADO

Essas figuras que o desejo desenha me renovam. São tão várias
que nem sei de onde vêm ou a que fim se destinam. Quanto pesam,
de que valem, o grau de permanência em seus contornos são temas
que certamente irão me devorar mais um dia. Ficarei,
vendo as manchas que elas criam na janela do ônibus, pensando
na evidência dos anos e na resistência dos sonhos. Quantas horas
os olhos derramaram assim, sem alvo certo. Os planos largos
e sonolentos ou não logo esquecidos no banco. Essas figuras,
eu sei, irão continuar a meu lado inatingíveis rolando para dar,
elas que nem possuem forma, consistência à existência. Movimentos
no ar do qual me torno parte sem perceber transições. Lições de nada
que me deixam vazio, no entanto imenso, participando desse quebra-cabeça
montado sem finalidade na moldura infinita que não se encaixa.

QUE CATEDRAL

Era impossível precisar em que língua, que sociedade e que época a catedral subterrânea estava sendo escavada. Em primeiro lugar, os homens não diziam palavra, não conversavam entre si, não pediam nada a ninguém. Eram todos iguais, como nas gravuras políticas do expressionismo alemão, e da mesma altura. Faziam gestos maquinais. Aliás o imenso vão era escuro e os homens pareciam formigas, terrosos, fuliginosos, sem cor, cavando sem parar como apêndices de uma vontade central incognoscível. Nenhum vestígio de alguma coisa datável, arqueológica, havia nos limites do oco. Só terra, toda de uma mesma camada, e os homens enfiando as ferramentas como ferrões na terra. A única coisa indubitável era a destinação ritual daquele espaço (e do esforço?) aberto a muitos metros da superfície. Permaneceu para sempre ignorado que tipo de civilização flanava por cima. Que requinte tecnológico ou improvisação primitiva, por exemplo, levava o ar até lá dentro. Nem nunca se soube como saía a terra escavada, ou por onde passaria a galeria de acesso. Tudo se resumia àquele oco, ao negrume do útero primordial, ora que ideia a desses caras, uma catedral invisível, submersa, abafada, cujo pleno vazio indefinível os braços truculentos moldavam sem saber para quê. O que importava, na explanação teológica, era a "chusma de gestos em uníssono". A visão militante propôs que o traje de galé, terroso, fuliginoso, sem cor, era um resíduo muito claro, na verdade, da ideia de dominação persistente. Que poderia propor a visão poética: um conclave de sangue? um modismo? Acabamos concordando, quando nos reunimos para discutir esse tema, que para dar-lhe credibilidade só a linguagem do sonho. Qualquer um sonharia a catedral que quisesse, ou poderia ter sonhado, e não se lembrava. Abstinência pessoal, no caso extremo, para a absorção das ranhuras nas paredes da mãe. A noção de moringa: forma para a catedral. E a óbvia conotação de umidade, para dar à ideia — de catedral preexistente — o sal (antigo) do recolhimento.

O APANHADOR NO CAMPO

Fruta e mulher no mesmo pé de caqui
no qual espantando os passarinhos eu trepo
para apanhar como um garoto a fruta
e apreciar, comendo-a lá no alto, a mulher
que ficou lá embaixo me esperando subir
e agora vejo se mexendo entre as folhas,
com seus olhos de mel, seus ombros secos,
enquanto me contorciono todo subindo
entre línguas de sol, roçar de galhos,
para alcançar e arremessar para ela,
no ponto mais extremo, o caqui mais doce.

SONHO DE JUSTIÇA

Sentavam-se os senhores juízes em dois planos distintos. Suas togas imponentes e surdas pareciam asas de abutre. Lustres ilustres pendurados balançavam no teto. Nenhum juiz pulava em meu pescoço. Os da fila de cima catavam concentradamente piolhos nos da fila de baixo. Eram gestos sisudos, pausados, pensativos. Os juízes imersos na sua busca pareciam estar consultando laudos. Aproximei-me (não sei se estaria sendo julgado) e descobri que à minha esquerda, antes de chegar ao tablado, havia um personagem menor, talvez juiz de pouca instância, escrivão ou acólito. Como se nem fosse comigo, cheio de curiosidade e coragem (ou melhor: completamente indiferente a tudo), cheguei ao lado e comecei a catar piolho nele. Lembrei-me de uma propaganda dizendo: você é aquilo que você vive. Ninguém se incomodava com nada, ninguém se interessava pelo que os outros faziam. Cada qual catava à parte, ou se deixava prazerosamente catar, e onde me coube, quando me fixei e espiei — sisudo, pausado, pensativo — havia tufos de cabelos esparsos que viravam moitas ou árvores. Na geografia da careca, viam-se veias que eram rios, e os piolhos que eu andava catando, nesse novo contexto, pareciam ser tão grandes quanto animais na floresta.

INTRODUÇÃO À ARTE DAS MONTANHAS

Um animal passeia nas montanhas.
Arranha a cara nos espinhos do mato, perde o fôlego
mas não desiste de chegar ao ponto mais alto.
De tanto andar fazendo esforço se torna
um organismo em movimento reagindo a passadas,
e só. Não sente fome nem saudade nem sede,
confia apenas nos instintos que o destino conduz.
Puxado sempre para cima, o animal é um ímã,
numa escala de formiga, que as montanhas atraem.
Conhece alguma liberdade, quando chega ao cume.
Sente-se disperso entre as nuvens,
acha que reconheceu seus limites. Mas não sabe,
ainda, que agora tem de aprender a descer.

CIRURGIA DA GLÓRIA

A glória estava nua lavando a cara errada na pia, e tinha, é óbvio, a infinita pretensão de acertar mandando para dentro do corpo a sangria eterna do espelho. O corpo era uma fruta polpuda que a glória com seus dedos cristais podia possuir e apertar como quem chupa laranja. A alma estava ali sem palavras boiando pelos vales da pia que abria com velocidade as descidas do seu avental antisséptico. Os gomos da laranja do corpo eram cortados pela glória irrisória que tinha a proa do nariz levantada pelo mar (até o teto) de azulejos neutros e lúcidos. Uma resina de serenidade no peito era o que dava à embarcação sacudida o poder de ser de borracha. A navalha do mar estava entrando sem dor na reticência das pálpebras. O corpo cálido espremido mamado tinha afinal se desligado dos nervos que eram barbantes lacrimosos torcidos de fazer embrulho com o corpo.

OCTAVIA MINOR O'DONNELL

Em plena madrugada
ecoou o tiro. Correram
para ver o que era. A mulher nua. O som tocando ainda. Um cinzeiro
cheio. Um sapo de porcelana. Um livro aberto. Uma garrafa
de uísque pelo meio. Um dicionário. Uma carta amassada.
Duas almofadas num canto. Uma cereja e um bilboquê. Um mapa
do Estado do Rio. A mulher toda
como se tivesse espumado, com sua cara
de cenoura morta. As cobertas revoltas
em desalinho. A luz pingando sangue. Um sorvete
derretido num copo. Uma borboleta. Um alicate. Um dente solto.
Um salto de sapato roxo. Um batom.
Dois pedaços de pizza. Uma aspirina. Uma faixa
de amarrar no cabelo. Um elefante abandonado. Um cabide.
Uma palavra interrompida. O fio do telefone enrolado
puxado para a cama como um bebê.

SENSACIONISTA

Se fosse a sua vocação resistia é inútil lutar contra a natureza mas tinha horas de profundo desânimo a massa falhava às vezes não conseguia dar forma tinha de resistir às marés aos elefantes mesmo cogitações internas sobretudo as escureciam o teto resistir aos chamados à prática verbal dos duelos tinha de alimentar seus dedos de barro como tinha de comer papel resistir sem ofício sem pauta sem vitamina e sem camisa no vento tocando flauta ficar moldando sentimentos sem opinião confirmada sem garantia mutável como as folhas resistir às pirâmides às variações do corpo no tegumento dos cogumelos bebidos fabricar bolsões de ar sem saber viver assim vocação só tem de cumprir sair de manso do ardor das confrarias que torcem armam confabulam planejam tomam decisões importantes resistir à importância à catalogação das espécies à nomenclatura das coisas perdidamente desarticulado e confuso mas feliz perdendo pé perdendo a memória perdendo os primeiros dentes mas persistentemente tocando a mesma flauta invisível galopando entre sons imaginários árvores cabeludas vocação de fazer o nada com sua cara de leoa parda ficar parado batucando onde não existe suporte suportar as mordidas os beliscões na vaidade a cruz dos outros o leque de opções as bobagens continuar moldando o tato tateando tentando resistir ao desânimo ao joelho ardendo à coceira recolher-se cantando dinamitando carregado de alegria tristeza todas as variações impossíveis todos os xodós e quiçás.

OBSERVAÇÃO DOS CALORES

o calor da palavra no calor da pessoa
falando no calor da hora e meus braços
amolecidos mas intensos no calor da sombra
ao reclinar-me no calor da almofada
dando minhas baforadas a esmo
na concentração de um mesmo calor
calado e íntimo

a fumaça que passa do calor da conversa
e se dissolve no calor da mangueira
depois de atravessar a janela
como rolos de calor perdido compondo
fisionomias sem nome

o som e a fúria no calor dos dedos trincados
enquanto os sentimentos passeiam
no calor do corpo

a brasa, o calor da brasa
desaparecendo acesa
no calor da calma

telhados dos quais não vejo mais que uma ponta
desaparecendo também
no calor das folhas

meio-dia no mundo, e eu observando bobagens
no calor dos mundos

DE QUE ME SERVE CONHECER AS PALAVRAS

Todo dia ela pergunta o sentido de uma nova palavra. Ou então como se escreve chiqueiro, por exemplo, ou se sopa tem chapeuzinho. Ensino educadamente e aguento. Ela tem um dicionário enorme na mesa, mas prefere me perguntar a abri-lo. Dicionários não ouvem, mesmo que possuam orelhas. E eu, não sei como, consigo ser de uma paciência infinita, certas horas. Ela sabe escolher as mais propícias. Logo, desfeita a dúvida com a qual se levanta, quando estou notoriamente num grande estado de ausência, passa do papo sobre certas palavras para as confissões de namoro. Invariavelmente repete que tem linha. Que tem estirpe. E classe. Que não se comprometeria jamais com qualquer um. Disse-lhe hoje que ela é muito *altaneira*, e não fui sincero, porque de fato estava achando que ela parecia um pudim. Mas ouço. São sempre as mesmas confusões, e sempre existe um homem novo para apimentar as histórias. Enquanto conta as novidades ela roça na mesa. Parece que se excita bastante roçando os braços nos seios. Espremido no canto, fico sitiado. Há uma certa morbidez em meu corpo que atentamente observa seus avanços e procura encolher-se. Ela reage, conta em preciosos detalhes como o cara a empurrou para o banheiro e tropeçou num vasinho. Se ameaço um bocejo ou me retraio ainda mais, sua ardileza solitária é tão forte que ela me encurrala com a perna. Aperta os olhos, assume ares de princesa ou boneca e com um gritinho nervoso, à queima-roupa, me diz que falta uma palavra que ainda precisava aprender. A última que ela inventou e gritou, não dando a mínima importância à audição dos clientes, foi *meiose*.

HISTÓRIA ORIENTAL DA LOUCURA

MALUCO NO TELHADO
(Baseado em Kikuchi Kan, Japão, 1888-1948)

Maluco na ponta do telhado de novo vendo coisas
no ar. O pai mandando ele descer furioso.
Chega o empregado, a casa corre, o pai reclama,
manda ele apanhar uma escada e recolher o maluco.
Diz que ele sempre foi assim, não entende.
Desde menino viveu pelas alturas e não
ouve nem pai nem mãe depois que sobe e deriva.
Chega um vizinho, a fama do maluco vai longe,
e esse vizinho em seguida traz a curandeira.
Tiram o louco do telhado afinal. O pai confessa
que matou macacos quando ele nasceu e tem medo
de ser o espírito dos símios que perturba o filho. A mãe chorosa
não quer, mas a mulher que vai curá-lo o coloca na fogueira e
reza. Diz que a fumaça expulsará a raposa
que está na alma do demente e faz mal. O irmão da vítima
a essa altura sai da casa e protesta,
renega a curandeira e diz que tudo é uma farsa.
Não há raposa nem macaco no irmão, ele garante,
e sim loucura pura. Parem com a crueldade do fogo
e a mentira de que foi conselho dos deuses.
Na confusão, o maluco escapole e volta
para o telhado ouvindo flautas, vendo o
ocaso e os palácios de ouro que ele mostra feliz
para o seu irmão que concorda.

(Fonte: *Modern Japanese Literature*, D. Keene (org.), Nova York, Grove Press, 1960)

MALUCO NA IGREJA
(Baseado em Mohammed Farid-al-Din Attar, Pérsia, c. 1150-c.1220)

Maluco só rezava sozinho mas um dia, de tanto
que insistiram com ele, foi rezar na mesquita.
Quando o imã, na prece, dava glórias a Deus,
começou a mugir na mesma voz elevada.
Terminada a sessão, quando o espremeram:
"Que história é essa de mugir no ofício? Queres
ficar sem a cabeça, como os círios já estão?",
safou-se com uma explicação detalhada:
"Não se deve seguir o imã? Pois assim
eu fiz. Quando ele disse Alá é Grande!,
estava na realidade pensando em ter um boi.
Pois se imitei em tudo o imã, meu guia,
como quereis agora me inculpar?"
Foram então ouvir o sacerdote, que admitiu:
"Eu tenho uma terrinha e só pensava no boi
que estou querendo ter agora ao dizer — *Allah akbar!*"

(Fonte: *Anthologie persane, XIe-XIXe siècles*, H. Massé (org.), Paris, Payot, 1950)

MALUCO CANTANDO NAS MONTANHAS
(Baseado em Po Chü-i, China, A.D. 772-846)

Todo mundo nesse mundo tem a sua fraqueza.
A minha é escrever poesia.
Libertei-me de mil laços mundanos,
mas essa enfermidade nunca passou.
Se vejo uma paisagem bonita,
se encontro algum amigo querido,
recito versos em voz alta, contente
como se um deus cruzasse em meu caminho.
Desde o dia em que me baniram para Hsün-yang,
metade do meu tempo vivi aqui nas montanhas.
Às vezes, quando acabo um poema,
subo pela estrada sozinho até a Ponta do Leste.
Nos penhascos, que estão brancos, me inclino:
puxo com as mãos um galho verde de cássia.
Vales e montanhas se espantam com meu louco cantar:
passarinhos e macacos acorrem para me espiar,
eu que, temendo me tornar para o mundo motivo de chacota,
tinha escolhido esse lugar, aonde os homens não vêm.

(Fonte: *One Hundred & Seventy Chinese Poems*, A. Waley (org.), Londres, Constable & Co., 1918)

SINGULAR DE PAISAGEM

Escreve-se do interior a palavra
satisfação.
Processos se decantam no corpo. Estamos
na primeira manhã do mundo. O frio é tétrico
e os dedos, que são de água,
produzem vales profundos
na pele cheia de fogo da terra. Os elementos
ainda não estão separados, nem as cores.

Nesse quadro primacial de inocência
o sol desperta a criação. Os olhos berram.
Os erros tornam-se evidentes, os choques
inevitáveis porque existem contornos.

Só agora se definem figuras
na trama lenta da qual resultam zonas
de luz e sombra. O espaço
antes nubloso e equalizado se comporta em fatias
feitas.

A REVOLUÇÃO E O RATO

rato literário na era da revolução solitário murado pela parede de papel das estantes e a capital em chamas de que nada o separa a cara de estupor das ruas negras pistolas patadas de cavalo no fogo o rato preparando seu chá com as lentes grossas gravando numerosas passagens de descrições de batalhas e confinamentos dialogando com datas na memória e uma boina surrada com tosse gases retorcidos no cenário nubloso vultos espedaçados correndo aflitos o rato lendo chá com notícias ideias análises o gato passando pelo corredor outra vez a luz da lamparina tremendo bombas pipocando no céu mulheres metralhadas papeladas e anotações misturando-se masturbações mentais do rato o gato perto se lambendo delírio de enforcamento no próprio cachecol xadrez asfixia e refinamento

O PERDE DOR

Começa a clarear cambaxirra. O sereno baixa. O ânimo se dinamiza. Maior atenção me é dada. À direita, na mesa, percebo o soldadinho de chumbo que está com o braço quebrado. Imagino-o nas escaramuças de ontem. Lutou contra injustiças, perdeu. Agora um novo dia. Começa um passarinho no muro, carros preguiçosos roncando vão saindo de casa. O soldado exangue. Sua túnica rota. Sua bota cambota com a língua preta. A luz desenha labirintos é claro. A manhã do cachorro. A manhã do guarda. A rotina dos pontos. Acontecimentos começam, vão tomando silhueta e tropeçam. Combalido e derrotado soldado, parece herói com dor de dente. Lambe cicatrizes da guerra, recorda horrores e descansa a cabeça. Os primeiros táxis. Tantas tentações. O fulgor olímpico. O som das trompas na hora da partida e os combates. Caído agora e sem um braço captando ruídos. Rumores do organismo também, veias esmagadas e tripas. O sol sumiu. O ronco nebuloso engrossa. Soldar o braço do soldado depressa. Que ele contabilize suas perdas, que o desejo retorna. Com seus dois olhos que ficaram, sairá por aí. Que tipo sedutor pode ser. Levou a pior, saiu fortalecido.

RADIAL X

Surto absurdo absorto
ânsia de presença maciça
massa musical momentânea
tonalidades dispersivas da luz
musculatura brutalidade candura
durações do pensamento no éter
formoso remorso da geometria
quebra de situações pontuais
espelhos sutis homologados
sismografias dissolutas
ânimo indeterminado dos ares
voracidade das vontades.

O REINADO DA RAINHA PERPÉTUA

Chateada com as hesitações da política, a carestia, a falta de saneamento básico e os muitos problemas similares de que vivem lhe entupindo os ouvidos, Karina, um brotinho em botão, radicalizou: decidiu que ela seria a rainha, a partir desse dia, e que o mundo finalmente ia agora ser lugar habitável, próprio e organizado. Chega de esculhambação, pensou Karina, e começou a preparar a coroa, com papel de alumínio, cola, cartolina e tesoura. O delírio cresceu. Um velho pano de cortina, picotado no tamanho adequado, virou um manto imperial de primeira, e ela desceu com garbo e autoridade, com empáfia e brilho, a escadaria viscosa da imaginação.

Como cetro, pegou um castiçal faiscante, e aí, antes de entrar na sala do trono, fez um détour. Foi primeiro ao banheiro, olhou seu rosto coroado no espelho e quis embelezá-lo ainda mais. Na boquinha puxada, o batom fez cócega. O pincel bateu nos olhos abertos e Karina deu um gritinho. Que graça (ela mesma achou). E vaidosamente pintou, pinçou e retocou a visagem que pelo desenrolar da história lhe parecia aconselhável para o seu papel de rainha.

Pisando duro, falou para os bonecos depois: "Aqui mando eu, e vocês, seus súditos, corrijam-se!" Os bonecos eram velhos e rotos, mas não gostaram nem um pingo da bronca. Enquanto a intempestiva Karina legisferava, ditando regras contra o caos, e berrando, alguns dos súditos se entreolhavam e logo, por baixo do pano, se tornavam cúmplices. Karina estava tão deslumbrada que não percebia bulhufas. Mandou soltar os passarinhos, cortar a mão dos ladrões, distribuir comida e flores, cortar a língua de quem mente e acabar com as queimadas. Com modos de rainha neófita, que estavam criando encrenca, ela pegava o grande cetro, ajeitava a franjinha, suspendia o nariz e mandava bala.

Na primeira noite, dormiu satisfeita. O campo do sono das rainhas é enorme, é uma terra de seda. Os cavalos pisam profundamente nas sementes e anéis que elas recebem. A menina coroada e pintada, caindo nessa, dormiu com serenidade e lascívia. Viu um príncipe encantado, é claro, no seu travesseiro mordido. E acordou entusiasmada, vibrando, pois tinha tido o privilégio de dormir com o mundo nos braços, afagando seus cabelos revoltos.

Quanto mais dormia e arfava, serena como genuína rainha, com a pele de ovo, pálpebras finas como pétalas, pressão mediana e cheiro bom, mais crescia no palácio, na surdina da noite, a confusão. Vultos misteriosos criados por tochas repentinas acesas eram projetados de banda no lajedo sinistro. Tramavam, como se vê — mas Karina, no seu santo sono, era uma rainha de pedra, e não via nada — alguma confabulação de porão. Frascos dosados de venenos sortidos foram contrabandeados às pressas por buracos praticados nas paredes sisudas.

Tendo mordido o abacaxi do poder, Karina começou a enjoar, lá pelas tantas, da sufocante obrigação de rainha. Todo dia a mesma coisa, pescoço duro, franjinha erecta, nariz para cima, era uma terrível canseira. E o pior era de noite, depois de tantas audiências e broncas, ser forçada por lei a um sono leve de alteza, quando, pelo calor da idade, o pendor natural do seu sossego era tempestuoso.

Ela estava querendo, na verdade, entregar o cetro. Percebeu num estalo, quando quis tirar a sandália, e não pôde, porque estava em público, que o mundo era uma bola perdida, e continuava, sob seu reinado, uma zorra. Com vontade de dormir na poltrona, na primeira que achasse, ou de fazer careta para os súditos, Karina descobriu que a saída, nesse caso, era abdicar. Mas era tarde. Bastou ela pensar desse jeito que a revolução explodiu.

Primeiro eles passaram cola no trono. Era uma cola poderosa da China que não saía nem com marteladas. Depois, na cola do trono, puseram a menina sentada. Durante meses, eles tinham pensado em tudo, inclusive nos venenos dosados, que eram só para despistar. Quando a cola secou, o Urso Tibúrcio, falando pelos revoltosos, aproximou-se da rainha e lhe disse: "Pronto, sua doida, agora mofa aí."

A VERY EVENTFUL LIFE

Máscaras de máquinas endurecidas
paradas como estátuas numa exposição
de valores desertos porém ativos
como a dentição dos sorrisos
trocados, os juízos confusos
projetando conceituações camaradas

(máscaras de cama ou de câmera
contendo caras ameríndias
e a fama fria, rica, norte-americana
dos seus invejáveis retoques).

COSTURA VIVA
(Sobre desenhos de Nisete Sampaio)

Vejo uma costura viva sem manchas de pontos delicados nervosos passando entre faíscas e células como um desejo que viaja no espaço para emendar com rigor flocos dispersos. Vejo aliás esse desejo que é uma chuva grossa de dedos na realidade da pele que também são travesseiros que exclamam como cabritos fofos. Vejo uma orelha que é uma concha que é uma folha enrolada que é um lençol até o queixo para servir de casulo. Ali nos pulos de contentamento vejo essa transformação dos joelhos em dunas preguiçosas ligadas por fiapos de luz. Vejo a continuidade das coisas que são cacos derramados de sensações progressivas na variedade infinita dos estados orgânicos. Vejo os dentes de cada espuma lá dentro, o riso capilar precioso das vírgulas que cada língua contém, a trilha rija arrasadora de uma erupção de pelos vulcânicos, os canais reticulados estreitos borrachudos onde a goma da mola dos encontros se adensa para disparar cara a cara. Vejo membranas, filigranas, ligaduras, ideias suculentas raspadas por unhas tenras vibrantes, a ponte dos cordões retorcidos e o engate glutão gostoso das partes que afinal se resgatam juntando-se aos ladrilhos da noite. Vejo num ponto a perfeição da brancura. A parada do gesto no momento ideal. Vejo uma linha que é uma agulha que é uma pilha de nervos que é uma haste de sêmen que é uma confortável cratera que é uma nesga sem fim

CHAPÉU SEM DONO

Parada da cidade nos olhos
circunflexos do indefeso passante
que parece uma seta, parece traçado
para aquela tarefa que o faz comer,
antes, um sanduíche abraçado
com pressa e assim tomar a cerveja;

sem que ele soubesse, sendo empurrado
por tantas determinações um dia,
para que serviria aquele alvo
a que ele era endereçado, a entrevista,

selar a carta, correr os olhos
pelo dedo contando grana da moça
que ele coça com a pestana safada
rindo de felicidade.

A programação exata das pessoas
que nem lembram de botar na cabeça
um chapéu amarelo
sem dono.

SIM

Não são as frases que indicam movimentos. Não é a boca das definições, cheia de remendos. Não adianta "tapar o sol com a peneira". A experiência entra pelos poros. Os cogumelos não são "frutos dourados". Nem são as asas das aspas que os farão voar. Não há sentido definido formado de maneira nenhuma. Não são montanhas as montanhas, nem os peixes são peixes, ou só isso. Também não são nossos rugidos concatenações de animais. Mas não convém dizê-lo em público. Melhor não prová-lo. Não vão te levar a sério. Não são as linhas nem as artimanhas do acaso. Não são bolas de cuspe. Não são vomitórios. Não é a nova pista exclusiva para caminhar sobre a pele. Não complica. Não sedimenta. Não há como reter. Como não se deixa plasmar, não se dissolve. Não levanta, não evola, não flui. Não tem noção de nada. Não tem nada. Não acontece na forma afirmativa. Não dá para pegar e puxar — nem esvaziar. Nem esquecer. Nem fingir que não.

PESCARIAS NO AR

O fato, quando pesca a pessoa,
atira para os peixes seus olhos,
criando no vazio do ar uma centelha
que medra e pousa nos telhados e some.
Mas algo, nesse gesto que risca
a noite, sem razão aparente,
recebe o sêmen da centelha sagrada
para fabricar outros panos. O tear da espera,
o teor das tramas, o extrato das conversas,
tudo captura outra luz ao diluir-se
quando a pessoa atira para os peixes seus olhos,
criando no vazio do ar uma centelha.

ODE PAGODE AO COPO

no balcão dos fracassos onde as confrarias debruçam com a saliva
pastosa constituindo de repente rubis
ou mesmo pérolas de araque que são fraques mentiras mas distraem da
possivelmente se distraem da morte admitindo calores resolvendo
problemas compreensíveis da lama criando novas intrigas
como as migalhas adjacentes que somos enquanto a lua cintila
no terno esmalte dos mistérios comuns que partilhamos
perto tão perto tão distantes partidos engatados na aura
da pesca moura da sinceridade escrachada procurando meu deus
que nunca, e você sabe, será um só para todos
amigos desafetos infantes companheiros com medo
de dar o salto que porém já demos no açúcar
do sexo — por exemplo — ou nas atrações milenares
de construir ruir desativar as pirâmides
onde alguém, o que subiu, deu gargalhadas homéricas!

MARCA-TEMPO

Carbureto bicicleta barracão de ferragens footing aos domingos domingueiras dançantes lança-perfume lencinho campo de aviação cemitério mulas na calçada paralelepípedo pão na padaria da ponte o poente no rio águas encachoeiradas batendo picolé de coco cocada na porta do cinema filme de mocinho alma e coração de mocinho cavalo imaginário correndo trem chegando gente conversando em rodinhas pente preto no bolso cabelo curto rio longo rio para todos os lados ruas de poeira pura carros de aluguel sonolentos caminhões encostados desolados hotéis pastéis deliciosos lojas de fazendas barbearias bares com ventiladores no teto intimidade com doceiras doces cristalizados ótimos casamentos carnavais batizados cafezais milharais canaviais carambola caramelo grude máquina de costura cosendo alfinetes no chão primeiros passos primeiras insinuações de soltura papagaios no céu tambores biscoitos aymorés pombos voando índios goytacazes palmeiras botes balançando no rio tombos improvidentes namoros tão delicados e tão dilacerantes dor de dente.

PRAIA DOS ANJOS

Barcos na areia
céu e chumbo
balé de gaivotas.
Um peixe esquisito morto
na linha de espuma.
Um pneu e ferrugem
comendo um carrinho
semidestroçado.
No cais, o guindaste
pescando braçadas
de um monte de sal.
A chuva penetra
fria e fina nos ossos.
Nossos passos porém
vão sem melancolia
desenhando achados.
Vemos pescadores
hoje sem trabalho
de braços cruzados
namorando o mar.
Um marco barroco
de cimento caiado
resiste sem apodrecer.
Ao lado, uma árvore
que você não sabia
era um pé de abiu.
De noite, silvando,
passou o sudoeste.
Agora as traineiras
dormem de ressaca.
A água tranquila
parece ter sido
lavada pelo vento
circunstancial.

Latas solitárias
movidas pela vela
das últimas lufadas
ainda vêm boiando
quase naufragadas.

MODALIDADE CLÁSSICA DE PULO NO ABISMO

O conhecido, que permaneceu carregado
de dúvidas, tirou um mapa da carteira e mostrou.
Cortando a estrada principal, onde o mapa
fora dobrado tantas vezes,
havia agora um rasgo no papel que era
um abismo largo para o forasteiro pular.
"Quero ver", pensou o inimigo embutido
na timidez. O conhecido perguntou outras vezes,
outros responderam que não, e alguns teimaram.
O forasteiro, sem sair do lugar, mas com atenção
e permanecendo de fora, deu um passo,
achou a solução para transpor o buraco: foi voando,
é claro, enquanto a discussão prosseguia,
e viu o tungstênio queimando. Ao queimar
no relento do prolongamento da estrada, a outra ponta
além do rasgo, ao dormir tão longe, ele imaginava
o conhecido ali naquela sala apertando
mãos, ouvindo nãos, mostrando o mapa, conhecendo pessoas
e opiniões. Considerando que seria ousadia,
pretensão ou ultraje, voar, como ele fez, para a fonte
sem mover os olhos, sem medir a distância,
sem acreditar.

AMBIÇÕES DE ASSOMBRAÇÕES

Incertos os galhos tortos, você
vê, armam-se como esqueletos
de silenciosa e fria carnadura
como se, no escuro, de cada galho
surgissem numerosas pessoas
vendo você observá-las na sua
desabitada languidez vegetal
de pessoas nuas resinosas
querendo corporificar sem poder
gestos aflitos, ritos solitários
músicas de imperceptível tremor
e, naturalmente, a semente da morte
inoculada por cada criatura
no seu próprio olho desmesurado.

CRINA E LOMBO

Era em torno das cláusulas que o pessoal consultava a formação do alarido que jorrava da boca como caldeirão de canjica com os dentes sorridentes boiando na água em pelo como égua danada que sacode a crina e o lombo quando qualquer criatura, a seu igual, se manifesta de borco no tapete da intimidade que vaza por fios calmos.

Não era portanto uma cena dessas, à antiga, com duas ou três meninas pulando corda no sereno, e sim a trombada preocupada do pessoal se exibindo na reunião. Concerto para pé de mesa e mãos aflitas, pois embaixo da pilha de papel surgiu uma toalha de ponta morcegando joelhos. Tinha-se de todo o evento uma visão odalisca grandiosa de gente mastigando palavras com panos quentes.

TANTOS DIAS DE HOTEL

Há uma lenta gradação titular entre o professor e o doutor. Os salões são amplos. O frio é liso. O lindíssimo horizonte, chapado. Um pequeno caminhão de mamão dobra no vidro. Vem trazer a fruta dos funcionários, é lógico, e estaciona devagar na portaria com sono. O café é ótimo. O ambiente deixa a desejar, mas distrai. Um bilhão de toneladas de soja, ou qualquer coisa semelhante, é apregoado às 8 horas na TV já ligada. Múltiplos bocejos conversam com a vacuidade sem moscas.

Você vê televisão mas não escuta um zumbido. Só os seres do ar condicionado são úteis. Os demais insetos desapareceram de cena. O calor é aprisionado lá fora pelas monumentais fachadas. Vivemos soltos em campânulas, com a gravata erecta, e o máximo perigo que esta proteção apresenta, de vez em quando, é o de uma gripe. O ar hospitalar, profilático, profissional e neutro não perturba. Mas também não deixa rir à vontade — é proibido comer antes da hora, por exemplo, ou ficar na janela vendo a tarde.

No bar, se você for, se agasalhe: porque gela. Foi o foco que ficou de calor. Bebezões abandonados na jaula, vamos mamando nosso uísque para relaxar e sorrir. Como é impossível brigar nos corredores, nos elevadores, nos bastidores, nos funiculares, previram esse iglu com mesotas, luz mortiça, gargalhadas e ofensas liberadas — animalidade permitida um momento. Trazem mulher empacotada, se você pedir. Mas não é fácil trazer mulher com olhos, garganta, troca de pele, coisas naturais que aconteçam. Tudo, em nossa ilha, é sintético. Os beijos não são vistos na rua, os casais não se estraçalham em público, a ginástica matinal se processa sob a vigilância dos guardas.

Emoção represada por espelhos, compostura regrada. Máquina, ao sair do elevador, de engraxar sapatos. Máquina de andar sem ruído, com borracha nos pés, conduzindo clips. Pasta suntuosa de papéis assinados. Unto tortuoso de ninharias. Bafo de cebola com perfume importado.

Se você contemplar os circunstantes, piedade. Estamos com esse telefone na orelha, e as medidas são drásticas. As comunicações são tensões. Os braços estão servidos na mesa, vê-se, de longe, a crina da loura que chegou com os biscoitos. Isso tudo no bar, no escuro esconderijo do piano nostálgico, onde, finalmente desprovidas dos casacos cinzentos, as feras urram.

Não espie aquela cara, que começou a derreter de repente com os caninos de fora. Está pingando sangue dos seus olhos. O ar tem gosto de bolacha de éter. No copo, já há gotas de sangue, o manancial de afetos desafivelou-se. Há pessoas inteiras que se desagregam agora. E em seu lugar surgem narizes de águia, olhos de coruja, queixos de lobo. O andar de dia comedido se transforma em pernas batendo. Os corações de pedra estão cantando bobagens.

Não olhe a solidão arrumada dos espaços abertos. Ficou faltando a curva imprevisível, que ninguém calcula. Há imensos reflexos de estranhos ermos. As palmeiras são banhadas por jatos de fertilizante líquido, e assim alimentadas vão crescendo depressa. Os carros correm. O silêncio das pistas é aterrador e contínuo. Só se ouve o deslizar abafado dos pneus.

A chave pesa. O sono é arranhado de ausências. Não há nada de pessoal nas paredes. A vida é provisória. Cortinas muito espessas caindo cegam possibilidades de luz. Lemos jornais. Mazelas coagulam no olhar. A vida é triste, pequena, ruidosa demais ou silenciosa em excesso nos momentos trocados. No restaurante as bocas se devoram. No céu, rasgando a cortina, ninguém põe a mão. Perdeu-se a gana de rasgar, a essência — fera — da qualidade, a manutenção do equilíbrio, e não vemos por isso a imensidade tão perto. Apáticos à hora crepuscular que nos vasculha, estamos reduzidos à viscosidade do humano que, para não embolar, teatraliza. Avanços, piruetas, recuos — e um cerco de apresentações à deriva.

De manhã cedo, não observe na calçada, sob o rijo lençol, aquele corpo. A mulher tinha pulado de noite, segundo comentaram, segurando na mão a sua chave de hóspede, e — segundo comentaram também — "mergulhou no seco".

PREOCUPAÇÕES PALACIANAS

Mulheres muitas carregando pesados
papéis e leves grampeadores passam
com ar febril dos mais atarefados.
        Soldados
perfilam-se nos corredores.
        Senhores
entram apoiados em negras
malinhas trepidantes e paletós quadrados.
A secretária atura desaforos e cala. O boy
espreme espinhas pela sala, com sono.
Há uma pilha de pastas em cada mesa.
Em cada coração, um vazio.
A hora do café no copinho
de plástico é a salvação da lavoura.

O ASSESSOR SEQUESTRADO

Artistas anarquistas invadem
a instituição cultural
e levam pela gola, assustado,
o assessor de imprensa.

Passam com ele aos solavancos
pela fila de estátuas
que guarnece as galerias
da instituição centenária.

Olhos felizes do assessor,
enquanto vão caindo relizes
e clips do seu saco furado
cheio da vacuidade dos dias.

Na rua os camaradas o largam
no vento quente das pessoas
que passam com suas caras sofridas,
forçadas a passar, ou contentes.

O assessor, no calor, dessora,
a água vã das reuniões
evapora de vez e ele atravessa
para o lado da vida.

Nem mesmo um jornal com sono
pode agora proteger o seu rosto
posto pelos anarquistas fanáticos
na voracidade da hora.

Nenhum biscoito, coitado,
nem mesmo um dominó de recortes
pode impedir o assessor sequestrado
de rir de si e entrar nos becos.

Seco de ardor ele sucumbe
a qualquer amizade,
livre de abraçar os mendigos,
sorrir para as crianças, correr.

A POSSESSÃO EVANGÉLICA

São guerreiros de Deus — berra o pastor possesso empoleirado
sobre um carro de som. E são cem mil, ou mais, em formação militar,
com estandartes, faixas, fanfarras, corações de Jesus e a santidade
atapetando totalmente de ponta a ponta a Avenida. A passeata
ulula em blocos bem distintos, perfeitamente organizados, conexos:
à frente os generais, depois os cordeirinhos frenéticos, cantando
na felicidade mais louca de uma exibição primitiva. Aqui de cima,
desse décimo andar na Rio Branco onde escrevo, numa velha máquina,
perfis dos mestres modernistas, posso ver o movimento da massa
divina dividida, como um jardim de Burle Marx, em grandes manchas de cor.
Há um grupo azul, um verde, um branco, um rosa, um negro e um mesmo
frenesi diabólico vai perpassando por todos encantados com o som.
Cada pastor injeta sangue e calor na sua tropa ou rebanho. Pedindo amor,
injeta a raiva do delírio. A multidão responde amém a tudo
e sua unanimidade, ó meu Deus, me confunde. Vejo um pombo sair
da esquina com a 7 de Setembro e atravessar o desfile. Seria o Espírito
Santo? Serei um cara deslocado no mundo? Desconfiarei dessa paz
belicosa? Ou deverei, como sempre, preferir o pombo e mais nada?

O TEATRO DO ALARME

Que coisa chata toda noite esse vovô na telinha
pondo no prato das famílias na sala seu patê de infortúnios,
calamidades! Quanta enfadonha vocação para o sangue
eles mandaram o vovô recitar! E o mais gozado,
se não fosse tão triste, é aquele ar de cansaço,
com uma pitada de ironia, que vem da imagem no ar. Sequestros,
estupros, tudo catado em todo o mundo, desfalques, mamatas,
terremotos e epidemias do cardápio eletrônico na hora santa da ceia
que a família apavorada devora com um olhar cataléptico.
As crianças, vovô, ficam nervosas; e outros vovôs, com sono,
levam sustos terríveis. O sangue da guerra se mistura ao do bife,
a sopa entorna, o prédio treme, o teatro do alarme provoca abortos.
Famílias inteiras, estupradas em bloco, se entorpecem
com essa invasão pelo botão. Outros, porém, que o ligam,
já não ligam para a insana sangria: no bar, enquanto
o vovô vocifera, parceiros de sinuca estão jogando contentes,
tomo uma cerveja gelada — e a vida é bela!

RECADO AO REI
(Na era Collor)

Água pelando, ou ferro em brasa, só tentando um castigo
(como um figo no ânus, em Juvenal) para coibir tanto abuso
(como diria um editorial rococó) na capital onde estão
metendo a mão no erário (e mais) enquanto o pobre operário
come (quando) linguiça magra de cachorro aflito, ou senão
sabão e, com a boca aberta, saudade de sardinha no bar.

Mesmo um poeta natural e lírico (e largado) se indigna
na sua pugna vocabular quando a confusão de valores
avança pelo reino da sinonímia e faz ministro e ladrão
querer dizer a mesma coisa: como deputado e "avião",
juiz e charlatão. "Assim não dá", pensa o poeta. Como ele,
que vive da distinção das palavras, vai poder se arranjar?

Pior ainda é que no estado atual até a honra das damas,
antes tão castas, também vive maculada de lama: algumas
(dizem) roubam tão bem que nem os homens, outras
roubam até os homens (das queridas amigas) nos jantares.
O amor na corte, nessa roda da sorte, com certeza acontece
com a fúria escusa dos negócios: quem quiser que se cuide.

O rei — que, como bom rei, delira e ri — desgoverna.
Seus principais auxiliares assumem ares de múmia.
Seus amigos do peito se aproveitam e calam. Sua fama
já não é das melhores mas ninguém ousa informá-lo. Ou será que o rei
sabe de tudo e faz que não? Ou será que é de lei,
no seu papel de rei otário, se considerar o bonzão?

ANTISSÁTIRA: UMA TENTATIVA
(Ou autossátira: uma tentação)

Espírito (de porco) crítico que sempre encrenca com tudo,
por acaso você se julga melhor, no vão refúgio dos seus pontos de vista,
que os outros homens que condena na prática? Que louca
e suicida psicologia é a sua, que assim te afasta do convívio
como uma sombra que tomba das batalhas perdidas? Que lacuna na alma
você preenche olhando tudo torto? Que mortos mandamentos te obrigam
a ser peremptoriamente do contra? Não seria mais certo e compassivo
abandonar-se ao fluir da espécie inquieta como um índio calado
ou um cachorro qualquer que se coloca espiando? Quem te deu o direito
de apontar os erros do mundo? Não seria mais justo, factível e útil
procurar somente aliviar em você a carga de ressentimento que explode
em palavras jamais sob controle?

DIA DE DILÚVIO

Quando chove assim tão seguidamente na serra
e começa a pingar água na casa e a goteira
cresce e a pia entope e alaga o chão,
quando não cessa esse barulho insistente
de água penetrando em tudo e rolando,
sinto uma desproteção total violenta
e eu mesmo sendo dissolvido também
nessa casa alagada, não me acho
enquanto solidez: vou flutuando
como onda inconstante na correnteza.

UM POMBO NO CHOPE

Quero saber quem dá as cartas. Quem corta. Quem acende o balão. Quem tasca, e apaga o fogo. Quem entra numa rua deserta, que acaba em arcos, e acena para sua própria pessoa como um suicida de branco. Quem se junta com seus olhos, no canto de um espaço qualquer, ruminativo, para dar um balanço da contemplação que foi feita, e sorrir à noite.

Quero saber quem violou o saber, podando as nuvens. Quem desfigurou a cidade ao transformá-la de espaço ocasional de convívio, ou simples agregação de malocas, em antro aluminizado cinzento de maçanetas luzidias pausadas que espelham risos atrozes. Por baixo, quero saber quem transformou a cidade, fermentando-a, em praça comercial de guerra suja, mixórdia medieval de trapiches.

O lado indignado sossega. O calor diminui. O outro lado acorda caminhando sem pressa. Fotografa. Desliza pela enchente de passos lambendo o ar. Vai vendo maravilhas, que não incorpora, e rostos que parecem visões, de tão fugazes. Observa essa paisagem de coisas, ímpetos, altercações, cortesias, e ao mesmo tempo se abandona na flutuação do mar de cabeças.

Para onde vamos? Este lado não quer saber de nada. Contenta-se em notar à distância que há um registro banal sendo gravado em seu sangue, sua pele. Lascas de conversa fiada projetam-se dos botequins. Um elevador entope. Sobra de fora, como o rabo de um gato, a mão de alguém. Grupos diversificados protestam. O lado olha, escuta, aprecia e pondera, mas, como são tantos, não toma decididamente lado. Plana embutido e reticente na periferia das horas, que são vorazes e deixam cicatrizes.

O lado quente, que se envolve por nada, e arrisca tudo, percebe a hesitação do seu par: retoma o jogo. Agora, deblaterando e o dedo em riste, quer saber antes de tudo quem pintou esta seta e, depois da curva, o retângulo. Quem deixou amolecer o sentimento de fera, quem trancou na garganta, por temor e obrigação de existir, o sopro dos deuses. Quer saber questões complexas de formulações infinitas com preâmbulos.

O lado quente perambula pelas livrarias secretas à procura de chumbo nas folhas mortas. Sobe uma escadinha que foi, anos atrás, subversiva, e com uma capa imaginária nos ombros deglute as cartas de Byron, de onde extrai novos bilhetes, farpas, para dardejar. Deglute vorazmente outras páginas. Combate, e participa com emoção incontida dos *tableaux* românticos.

O lado branco, que é uma almofada de impressões, tateia enquanto isso as lombadas. Distrai-se observando figuras nos manuais mais compactos. Em certos livros, mas sem pensar em possuí-los, sente a presença de pessoas concretas, de carne e osso, que estão ali para lhe transmitir um recado. Achou sua função, de ouvir e absorver, e nela às vezes se compara a uma composição de borracha — ou de água maciça. Sente-se feito de um material muito elástico que permite uma adaptação instantânea ao contorno oferecido pelas situações.

Para onde vamos? — quer saber, no entanto, o lado roxo. Repartindo seus amendoins com um pombo, na mesa onde parou para um chope, ele aponta os próprios livros, a que tinha tanto apego, como biombos. Quer saber de você, que está me olhando, usando-me para tapar seus olhos, quando nada adianta, porque você que eu estou vendo é um pombo, e eu, pelo que parece, sou um cara te dando amendoim, dividido.

Digamos que houvesse espelhos na sala, na hora em que a discussão engrossou. Supondo-se uma convergência de lados, com os quais, até então, tinha conseguido conversar muito bem, o homem dos amendoins desmontou-se quando olhou para o pombo, falou dos livros, olhou para os espelhos e perdeu a cabeça. Começou a pensar assim. Que ele, como pombo, estava dando amendoim para um homem. E que era uma situação meio louca, em vez de estar voando com os outros, ficar alimentando os fantasmas de um desconsolado pedestre.

TERAPIA DOS BROTOS

Nesse tempo de incertezas,
confiscos e estripulias,
o chuchu já está brotando
em menos de cinco dias.
Também a mandioca brava,
a cana e a melancia
começam no mês de agosto
a enraizar com energia.
A bem dizer, qualquer pau
metido na terra fria
vai pegar e botar folhas
sem relutância ou porfia.
O tempo, se por um lado
produz enchente e agonia,
por outro convém às plantas
que saem da letargia.
Até a cebola brota
no aço inox da pia
quando acaba o sono verde
que a primavera anuncia.
Se for o caso, comprove:
pegue o bulbo que irradia,
coloque-o num vaso fértil
e espere a flor com alegria.
Nesse tempo, o desespero,
a ideia de moratória,
fez de cada brasileiro
um descrente na vitória.
Ninguém olhou para o chão
onde se escreve uma história
pequena, de tegumentos
e seivas que irão à glória.
Ninguém viu que uma semente
explode sem nostalgia
para dar à terra exausta

mais alento e outra harmonia.
Isso no entanto acontece
no lado claro da via
pelo qual também passamos
sem saber aonde se ia.
A semente, um broto novo,
a ideia que se teria,
a casca velha que fende
e morre no que ela cria,
tudo isso são momentos
de uma estranha parceria
que abaixa a crista do homem
e depois logo o extasia.
A vida é maior que a gente
e mais do que a gente espia,
pensando que ao ver de fora
a gente se torna um guia.
A vida contém esterco,
fungos de melancolia,
gestos doidos que florescem
entre amor e antipatia.
Mas também contém os galhos
que abraçam quem se desfia
procurando uma razão
de dar o que pretendia.
Contém, é claro, essas greves
e a inflação sem garantia,
salários de manga curta
com brigas de algaravia.
Mas também contém os berros
do instante de quem procria
e, em se tratando de plantas,
é a imersão na afonia.
O silêncio, sua carga
de interior teimosia,
e a capacidade lenta
de entregar cada fatia.
A natureza é engraçada,
dá sem trégua e principia

a gerar tudo de novo,
avessa à monotonia.
Hoje mesmo ela desperta
de sua breve dormência
para dar à humanidade
uma sensual inocência.
Dá os seios da beterraba
no vão das línguas macias,
o achado de um chuchu murcho
que aponta melhores dias
e ainda o repolho e suas
múltiplas orelhas sadias.
Ouça pois esse conselho
de quem fez o que podia,
pegando na enxada para
dar corpo ao que não se via.
Aproveite bem a hora
e plante, por terapia,
ou para matar a fome,
entre os homens, de empatia.

O XERIFE E OS GUAJAJARAS
(No interior do Maranhão)

Os homens do Romeu Tuma,
prepotentes e embalados,
foram dar uma batida
na tribo dos guajajaras.
Queriam localizar,
pra acabar de vez com ela,
a plantação de maconha
que, segundo haviam dito,
esses índios cultivavam
no sertão do Maranhão.
Lá na aldeia de Coquinhos
os homens bravos do Tuma
já chegaram dando tiros,
matando cachorros mansos
que apenas comiam pulgas.
Curumins apavorados
corriam que nem cutia
da polvorosa imprevista,
enquanto cunhãs e velhas,
aflitas, choravam sem
entender o que é que havia.
"De que se trata?", diziam
na língua dos guajajaras:
"Que querer aqui fazer
os ruins caramurus?"
Os de fora, dos seus carros
barulhentos que nem tanques
numa ofensiva de guerra,
iam só mandando bala
por entre as choças tranquilas,
furando bambus e sacos,
vasilhames e bacias
com pontaria certeira.
Mas o espírito das matas

(cinco séculos de fúria
sob contínuos massacres)
de repente correu solto
no meio dos guajajaras.
Armando-se de cacetes,
o desespero do orgulho
e a valentia das onças,
os índios antes perplexos
com a louca invasão dos brutos
pularam dando pauladas,
de peito nu e aberto,
contra os tiros da polícia.
E deram tanto, mas tanto,
foram tantas cacetadas
de toda uma raça extinta,
era tão justa a refrega
dos caboclos de Tupã,
tão fraternos e precisos
os golpes do contra-ataque,
que não houve jamais como
o pelotão resistir.
Seus carros antes possantes
ficaram despedaçados
e nenhum tira escapou:
todos levaram porrada.
Sem armas nem munições,
que os índios depois tomaram,
a polícia foi em cana
metendo o rabo entre as pernas.
Com o bando da lei detido
numa palhoça de varas,
mais pauladas foram dadas,
dessa vez como castigo,
por um ancião da tribo
e o cadáver de um cachorro
(nosso irmão e nosso espelho)
assassinado por eles
a seguir foi esfregado
na cara de cada um.

De Brasília, o Romeu Tuma
com seus capangas mais fortes
foi lá conversar com os índios
para soltar os reféns.
Encontrou os guajajaras
preparados para a guerra
com suas caras pintadas.
Talvez não tivesse visto,
mas ventos elementares
faziam tremer a terra
por toda a Barra do Corda.
Sob o calor dos coqueiros,
cocares de antigas lutas
na glória da resistência
faziam gestos simbólicos.
Por trás de cada cunhã
com riscos na face triste,
foram hordas de fantasmas
tomados do amor da terra
que o Romeu Tuma encontrou.
Bom de papo, bem treinado
nas rodinhas dos palácios,
o xerife de Brasília
depois de muita conversa
conseguiu a liberdade
dos subalternos detidos.
Mas as armas dos seus homens
os guajajaras não deram.
E agora, depois de tanta
estripulia e arbítrio,
impõem uma condição
para entregá-las aos donos:
que os brancos também devolvam,
por estar em suas terras,
o povoado já famoso
e bem, enfim, guajajara
pelas ressonâncias do nome
que é São Pedro dos Cacetes.

ANSIEDADE

São fios soltos e é uma espécie de choque. Os dentes mordem uns nos outros rangendo. A gente esquenta. Os olhos brilham, embora já não desenhem figuras, embora não vejam nada. Brilham inúteis como se fossem bolas acesas. Como se fossem ovos de visão, por enquanto ainda sendo chocados. Os órgãos dançam. Mas há uma falta de harmonia completa em seus meneios lá dentro. São eles agora simples poças de sangue, ou serão postas de carne destronada batendo? Trono de carne? Às vezes sim, quem sabe, quando no estado oposto os órgãos calam. Agora o império dos sentidos ruiu, não se percebe sequer a consistência dos ossos. Não há uma graxa que derreta nas juntas e lubrifique assim a gesticulação inflamada. Na torneira das veias não há um pingo de calma. Essas, as veias, incham e falam desmedidamente. Essas veias que falam dizendo tantas tolices. O sangue torto, espesso, parecendo mais lava de vulcão do que água ou tinta ou iodo. Porque vem vindo em vômitos de fogo para enrugar o chão com aspereza. O mal que é feito enquanto isso à paisagem. O solo interno em desatino. As contradições mais grosseiras.

UM DIA, UM GATO

Meus sapatos de feltro são canoas que boiam
na confusão do asfalto. Vejo aflitos, esbarro
em monstros, quase atinjo recém-nascidos largados
no rio caudaloso, mas os braços, o instinto,
fazem-se de remos e desviam meus passos.
Nem mesmo a súbita beleza me prende,
que passa em forma de pessoa. Navego
nos mocassins do ópio da eternidade, meio tonto
com o tinir dos talheres no restaurante.
Enfrento a sopa de gravatas. Mariscos
fincam no casco das canoas com tampas
de cerveja e pontas de cigarro. O caldo
engrossa, um fio de batom sofistica
a boca áspera das águas fumacentas e pretas
que não retêm, porém, minha navegação pelas brechas.
Sigo sem deus, alimentado. E sem nexo,
pensativo no leme dos sapatos querendo
chorar de impotência ante a crueldade. A polícia
no entanto surge e alinha os passos
de porrete na mão. Buzinam insistentemente ao redor
de algum corpo caído, embrulho incômodo. Ondas
de turbulência me eliminam da cena
e dobro sem querer uma esquina, onde encontro um gato.

IF

Eles discutem se a razão who are they e se a maçã dos fenômenos é perfumada e confusa se a Razão desrazão e se a razão Meu Irmão não é uma alucinação também como a ração de fumaça que o cigarro me dá discutem se a falácia do olhar cintila em vértice se eles são ou não cotidianos, imediatistas e práticos, sendo iatistas empíricos do pensar que discutem se a democracia escorrega se a banana tem cica se a pereréca da menina pegou fogo se o fogo dos pequenos figos que estão crescendo no pé é uma realidade palpável se a irrealidade também é palatável palitável como os dentes de acrílico de que os bichos não gostam e por isso ou por aquilo duram mais que os dentes puros de osso que a mastigação engoliu viu que painel indiscutível no céu enquanto eles discutiam se o cacho, se a penca de conceitos servia se o ar da serra lhe faz bem e o pior é que faz se a emoção carpia o neném sorria a galinha tremia se a faca enfia bem no pescoço e os pés aflitos no ar procuram chão who are they que tocam telefones que inventam telefones que tocam vozes energias que alegram notícias tristes se os adjetivos combinam se as combinações fracassam

UM PASTEL CHEIO DE DEDOS

Antes de chegar a Jardel, parei para comer um pastel
do qual, quando mordi, saíram pernas bonitas
de garotas fritas, mais um caroço de azeitona que comi também
sem pensar que loucura
um pastel erótico sentimental com cerveja que espremia
não só pernas como também braços e cabelos no balcão do bar
eu não sabia se pedia um pano um balaio
comecei a ficar encabulado de tantas de uma só mordida
não sabia se botava no bolso ou se distribuía na rua
deus do céu que situação penosa
corpos em quantidade escorrendo do recheio de queijo
pela comissura dos lábios,
e eu, em terra estranha, tendo de parecer que era apenas
um idiota se babando com pastel fresco.

FILEIRAS CERRADAS

Havia ou tinha ou existia ou já era um belo dia no qual a primeira autoridade não gostou da paisagem. A paisagem caótica e desenfreada da vida não combinava com a necessidade de ordem que dominava a autoridade em questão. Além disso ela estava muito esgotada, tinha trabalhado horrores na véspera, achou um disparate horroroso aquelas árvores tortas, fora de forma. A primeira autoridade não gostou também dos recortes, nem dos arbustos, lianas e bromeliáceas, ela estava injuriada com aquilo, nada da impressão misturada que desarruma os meus dogmas, nada disso, saiam, telefonem e peçam providências urgentes.

Começaram a cortar numa quinta. Lista de promoções. Catálogos monumentais para importar tratores. Ordem. A permanente aplicação da mentalidade-escola que fez de cada qual um louco raivoso, doido para acertar o diretor na cara. Altas operações sofisticadas para cortar de uma quinta ao sábado, entregar limpo. Concorrência de manutenção. Certeza de garantia. Dissídios. Tratores. Penumbra. Necessidade insofismável de meter uma ordem — nada de olhar para os tratores como dinossauros, insetos. Nada de olhar pela janela para enfiar no algodãozinho da nuvem uma equação biquadrada.

Nada disso. O problema concreto que a segunda autoridade tinha recebido por ordem do escalão superior, para resolver, era demolir a mixórdia da cena natural do local para ali construir, sem deitar na sopa, uma paisagem confiante de eucaliptos certos, altaneiros. Nada de galhos marginais pendurados. Tudo de bom para você no Natal. Nada de vegetação serpenteante, espinhos no chão, flores venenosas, rebentos minoritários ou fedelhos lisérgicos. No pescoço hirsuto dos eucaliptos probos, por ordem da terceira autoridade, que era incumbida do cerimonial, seria pendurada uma placa com uma inscrição alusiva: "Não deixeis que na salsugem das vasas putrefactas se babujem os mimos da vossa alma virginal."

Nenhuma autoridade admitiria porém que toda escrita se processa em dois planos, um pretensamente narrando, discutindo, outro, e é o que importa, mostrando as vísceras do autor como se fossem vogais. A alusão de uma inscrição, o tempo emocional de cada um se assistindo, ou sua história, numa sucessão de gavetas, namoros, relicários que não param de abrir. A ordem desde fora das autoridades diversas não podia combinar desde dentro com a cinza estarrecedora das horas, o creme líquido das coisas, a pulsação etérea das palavras que um rapaz desmontava, apenas, para construir um silêncio. Dentro do caos de cada árvore. Tão normalmente falando de qualquer coisa como um homem sentado.

O problema concreto que a décima sétima autoridade teria, ao chegar a sua hora na história, era colocar uma fita para a primeira autoridade cortar, dando por inaugurado o monumental eucaliptal homogêneo, racional, de fileiras cerradas, um exemplo notável de poupança rentável, em fila, em forma, em colunas — cheiroso e produtivo como ele só. Um bom rapaz. Um caráter e tanto. Um coração de ouro. Ótimo para pegar pela gola e colocar sentadinho no meio da paisagem da ordem, onde morreria de tédio, inchado e penteado de bruxas.

Dentro do caos de cada árvore havia o trânsito frenético da realidade impalpável. Havia ou tinha ou existia ou já era um belo túnel onde as luzes misteriosas piscavam sem mistério nenhum. Passagens. Era possível, no pátio das raízes, abrir sempre a mesma porta mas encontrar cada vez uma saída distinta. A verdade do que estou sentindo quando as categorias desabam e me conformo em ser isso, um sanhaço roendo o mamão, um lagarto espichado tomando sol. Ordem inevitável das flutuações orgânicas, maior que a dos papéis estudados.

Poderíamos imaginar um desfile de todas as altas autoridades para dinamitar o mundo num domingo à noitinha, quando os meninos ronronassem na sala e o macarrão necessitasse de uma reciclada no forno. Mas seria um escarcéu muito grande. Existem técnicas de autodiluição provisória dentro do caos de cada árvore, cuja seiva pode levar de você sua energia, uma pura doação de você por aí afora.

Mesmo desabamento de antes. Mesma impregnação do sentimento de não poder mais criticar muita coisa. Passagens. Lembranças de um rapaz que se absteve de dinamitar o mundo à noitinha. Mania de imaginar situações que não pudessem jamais ser concluídas. Era um problema de cada autoridade encontrar uma solução para cada caso. As pessoas penetradas de seiva não tinham nada com isso. Todas as numerosas pessoas de um determinado indivíduo parecem existir muitas vezes para que ele sinta na pele, mesmo estando em seu banheiro, uma experiência global de toda a espécie.

Maior que a experiência da espécie, algo como o derretimento casual das próprias formas, anulação de macho e fêmea, árvore e cabeleira, capim com sono, falta de vontade específica na concentração muscular de um desejo imenso de tudo. Pura doação de você, mas que besteira. Mesma impregnação do sentimento de não poder mais criticar muita coisa, nem mesmo a autoridade em questão, ou o diretor do colégio. Lamento sinceramente não ser um eucalipto reto. Antecipadamente agradeço que ninguém me interrompa.

APONTAMENTOS DE FILOSOFIA PERENE

A dor dentária da matéria.

A areia da mordida do tempo nos telhados.

A dança sorridente do céu interior do seu eu.

O lua no qual se transformou sua graça.

A pança de certas letras na ponte suspensa dos sentidos.

A cratera sem par da travessia que é feita

Por homens silenciosos no cais

Da imaginação. A clara procura empreendida.

A turva sensação de paquiderme encostado.

A glória de um gomo efêmero de tangerina na boca.

O sono como as ruminações de um caracol.

ALGUMAS VARIAÇÕES DE CULTURA

A cultura da couve, que exige um trato delicado e água perto
para dar folhas tenras. A cultura
do milho, que se disfarça às vezes em mulheres viçosas.
As socas de capim que constituem tamanha
sabedoria natural sobre os morros. A cultura da morte,
que não dá sossego, ou mesmo na cultura do sono
a descoberta arregalada dos olhos pensativos no céu.
A cultura curiosa da satisfação em te ver
após o banho. A sanha cultural dos sanhaços
bicando um mamão maduro no pé. A poeirenta
Kultur que se agasalha com tosse pesquisando venenos
na obra do poeta imaturo que abriu os braços no abismo
e mergulhou gargalhando para os pósteros.
O caldo espesso das culturas nanicas
que proliferam pela madrugada em esquinas
onde mosquitos invisíveis telegrafam na luz.
Os ombros bambos da cultura na cama
com essa impressão de cicatriz das suas unhas nas costas
raspando escamas ou camadas de conotação babilônica.
A cultura do êxtase. O encadeamento despojado
dos objetos sem função quando alguém
não se procura, não ensaia, não tece elogios, não discute.
A cara calma da pessoa calada que desaparece de cena
para observar seus iguais com paciência de boi.
Aquela pressa dos pacotes que estão vendendo cultura
e a falta que uma escova de dentes, no outro extremo,
faz na boca do povo.

UM MOSAICO CHAMADO A PAZ DO FOGO

(em *Trimano: desenhos e ilustrações*, 1997)

Caras rasgadas, cacos faciais de cerâmica,
detritos visuais da cidade, dos passantes, das tribos, dos
esqueletos e organismos, do barro a moldar e tantos
episódios, vagos papéis de rostos amassados.

São assim os mosaicos de Trimano: dir-se-ia que feitos
com base em tiras de outdoor arrancadas que (à procura
de sentidos avessos) ele colasse ao contrário,
numa postura geral de desavença.
Que em cada um houvesse um grito latino-
americano expressionista dos pampas penetrando
pelas gretas de um muro, ou de uma ponte ou uma seta,
para corporificar-se em vermelho sobre um fundo preto que nem
uma vegetação desoprimida ou uma canção libertária.

As tesouras irrompem recortando a pele das coisas.
E sob seu trabalho surgem zonas azuis, camadas
arquitetônicas de outras eras, cartilagens e o ouro
dos semáforos: surgem saxofones acesos
nos dedos mágicos dos músicos. E surge
a mágica unidade dos temas. (A estética do recorte,
que indica pontilhados e dobras como obra de armar
— com os resíduos do caos — um conceito novo.)

E em tudo o impacto (surpresas) da escavação medida,
meticulosa detecção de humores, ou recusa de
valores, ou dúvida injetada nos ossos, ou denúncia
das máscaras, registro de impressões digitais, carimbos.
Escavação da própria identidade no escuro
da límpida clareza que o traço
foi tomando assim. O jeito japonês dos retratos
que resultam de pingos, gestos, arabescos, borrões
nervosos e ao mesmo tempo pausados,
incisivos. A cara de toda a humanidade
em cada rasgo pessoal momentâneo
captado nos dedos e transmitido em código.

Jeito de achar em cada rosto suas vãs metades ou mais
partes que se conjugam mostrando
que só existem num rosto seus momentos
articulados, quando não desencaixados como queixos caídos
de algum mosaico original recompondo-se, de algum
pote, alguma urna tribal, um outdoor poluído
pendurado numa rua ventosa sob uma ponte. Daí os claros,
saídas de emergência, e as reentrâncias, bolsões de ar
do sentido gráfico na edificação desse mundo
feito, com perícia e paciência, de fragmentos.

(E aí a coesão da militância do artista,
que rompe com seu mergulho as colunas
pretas de letras com notícias apenas.)

Lê-se em Trimano a erupção dos contrários.
O levantamento dos véus. A carne exposta. Os estigmas.
Retículas, rabiscos, rasuras, vendas
nos olhos de personagens-autômatos. E luz
no escuro, preto no branco, horror à fraude, ao suborno,
à conveniência e à babosice.
Luz onde houver porque seu talho
(o desenhista é um escultor),
seu trabalho faz parte das entranhas, não cabe
nos formatos normais. E sendo feito,
poeira mista de emoções, na poesia longa das horas,
avança pelo desconhecido e retorna
saciado de nitidez e limpeza: demonstra a soma,
o sumo das contradições sobre a mesa numa festa macabra
onde nos dobramos de rir. Seu trabalho é a paz do fogo,
a calma pela via da exaltação.

QUATORZE QUADROS REDONDOS

(em *Vertigens*, 1998)

VAGANTE

Uma avenida litorânea com brisa e o som distante do mar. Bares lotados. Gente gente gente e já noite fechada. Muitas luzes nas fachadas berrantes e do outro lado um rumor — roçar das folhas de coqueiro na areia pela curva da orla. A noite fresca, sim, quase fria até, mas as pessoas exaltadas sob os toldos azuis pelo calor das bebidas. Só ele, que ele viu na calçada, andando alegre e muito solto, com as duas mãos socadas nos dois bolsos da calça e as abas do paletó para trás, parecia indiferente à agitação dos olhares dos talheres dos copos dos esbarros ao passar pelas mesas. E era em contrapartida como se ele fosse de vidro, ou transparente, ou mesmo totalmente invisível, porque ninguém demonstrava percebê-lo, ninguém senão ele, embora só ele entre todos os ali reunidos sob o manto da noite usasse terno e gravata.

Mas era um terno tão soldado no corpo, tão solidário aos movimentos, tão sem arestas, que parecia prolongá-lo até o contorno da trama, redondo, sinuoso, ou conduzi-lo isento de esqueleto, de carne. Era um terno de luz. Parecia que ele estava assobiando também mas não estava, tal era a cara de descontração a leveza a agilidade a ligeireza com que ele andava sem asas, como se as tivesse.

Ele o viu por acaso. E enquanto pôde o acompanhou com intenção. Conseguiu perceber, quando ele entrou e saiu casualmente de um bar, não como se procurasse uma mesa, uma pessoa, mas apenas andando por ali sem razão, que a expressão do seu rosto era de grande bondade. Não era isso, e o que era exatamente ele não saberia dizer. Pois era diferente de tudo que enquanto expressão de rosto ele já tinha visto ou vivido. Tinha bondade, sim, e compreensão e compaixão e ternura mas também algo indefinido expressado no sorriso dos músculos. Ou seja: se sua boca se conservava fechada, os músculos faciais sorriam, e com isso associavam-se à tranquilidade estranha dos olhos, que olhavam tudo com interesse, mas não viam nada.

Era evidente que em seu modo de ver havia uma curiosidade incessante, e não interesse, como foi dito, porque ele olhava de longe para as coisas sem querer reter sua imagem. Era esse distanciamento talvez a qualidade indizível. O rosto bom alegre ágil rarefeito. Apenas passando pelo mundo em sua face mais festiva sem comentário ou apego. Era evidente também que ele o não tinha visto nem veria na saída do bar. Que nunca o reconheceria aliás pois que não tinha mais seus sentidos. Mas ele (o outro) continuou mesmo assim na abstração das pegadas.

Viu o terno de luz, ponto de amor, passar sempre de mão no bolso e sem rumo por divisórias tapumes tabiques biombos crateras persianas paredes. Sim, ele acredita que o viu atravessando paredes e que não foi ilusão. Acredita que o viu. Como se fosse uma questão de inocência. Que o viu no estar absoluto de quem não mais tinha pressa, nunca se preocupava com nada e nunca se perturbaria com nada. Uma ausência feliz atomizada, qualquer vagante enigmático em um cenário absurdo: aquele estranho conhecido (para nós) era um morto.

(E curioso era o contraste entre o seu andar resoluto, leve e bem resolvido, e o sonambulismo alcoolizado da algazarra dos vivos.)

O HOMEM QUE AÇUCAROU

Quando passou a gostar de açúcar, ele que era o rei do torresmo, sua química interna se modificou totalmente, e os julgamentos que fazia, antes sempre tão ácidos, se tornaram doces. Tão doces, que às vezes eram até enjoativos. Seus compromissos básicos com a meditação filosófica — com a teoria das configurações semelhantes, por exemplo — continuaram a envolvê-lo a fundo. Mas não eram mais impostos a desprevenidos nos bares com o ardor furioso de quem comia um torresmo, tragava sua cachacinha e cuspia fogo. Agora, mastigando uma cocada como um manjar dos deuses, ele primeiro aliciava um ouvinte, enchia-o de atenções como lambia os beiços e só depois de o seduzir lhe aplicava — com palavras melífluas — seu soro regenerador de verdades.

A propósito das configurações semelhantes, insistia que os carros, com os para-choques bigodudos, as antenas, os faróis como olhos, eram perfeitas reproduções de insetos numa escala maior. Não era o fusca um besouro? Não eram os automóveis antigos, aqueles bem primitivos e apertados, chamados de "baratinhas"? Além disso, locomovendo-se em fileiras ordeiras por trilhas bem demarcadas, tal qual formigas, os carros não andavam também em correição? Nos velhos tempos do torresmo, quando repelia a cocada como um sacrilégio indigesto, seu entusiasmo era tanto que ele assustava os fregueses, querendo convencê-los à força, e o resultado é que acabava sempre sozinho, condenado a elaborar raciocínios a esmo. Agora, não. Empapuçado de açúcar e enfim com boas maneiras, ele agora fazia média com os outros para cumprir seu compromisso de fazer o povo pensar. Derretia-se em teorias que o prévio afago tornava palatáveis e, tão logo insuflado por esparsos louvores, singrava em águas mais profundas com a elegância de um cisne. A inspiração do helicóptero, perguntava à roda, não vinha do papa-vento ou lavadeira ou libélula? Os próprios veículos espaciais, os próprios astronautas, com seus engenhos e couraças e carrinhos e sondas, toda essa parafernália que vagueia lotada de ciência no céu não era também basicamente insetiforme nos seus padrões eletrônicos?

Graças às sutilezas do açúcar, que adoçou sua lábia, foi-lhe possível estender-se ainda mais. Mostrou um dia, apontando para pessoas na rua, que a própria configuração dos humanos reproduz frequentemente a de bichos, fato que se torna mais óbvio em situações de hostilidade ou de briga, ou de grande agitação nas multidões enervadas, e faz pensar na crença hindu na paulatina reencarnação dos espíritos através de várias espécies, enquanto não ocorre a libertação final no nirvana. Mostrou também — exemplificando o emprego com uma penca de frases, como "ficou uma onça; falava feito uma arara; aquilo é uma jararaca; ela é uma gata (ou uma vaca); ele é uma anta (ou um rato)" — que as configurações semelhantes entre animais e homens estavam entranhadas na linguagem de inarredável maneira. Por mais artificioso e artificial que já fosse, o ser humano, pregava o filósofo aberrante que acabou sendo aceito, não podia desenredar-se jamais, na sua alucinada capacidade de invenção formal, dos modelos funcionais que a natureza propunha. Quando ele dizia isso aos berros, para nada e ninguém nas ruas frias, era aqui e ali enxotado como um cachorro sarnento. Mas insistia, julgando-se um portador de verdade que precisava passar seu facho adiante. Quando o disse finalmente com acentuada doçura, aposentando a estética do torresmo e sabedor de se expor a lambeções excessivas, tudo ficou mais calmo para ele e novamente perigoso como na selva primal.

BEBONA

Nessas horas às vezes ela mergulhava no tanque para refrescar a cabeça, mas em geral não dava tempo e seus instintos ferviam, a quentura do sangue em descontrole a empurrava para desatinos imensos. Pois até no gargalo ela bebia, nessas horas, quando não mergulhava a tempo no tanque, e juntando fogo com fogo provocava explosões por todo o corpo. Sua matéria a dominava. Feito doida ela se sacudia e apertava e saía pelos descampados gritando. Ou ia para a frente do espelho e perpetrava sandices, gargalhava e chorava, beliscava-se e mordia os próprios braços como se fossem pão doce. Bebia tudo que encontrava e o quê mais. Até tinturas e xaropes. Até licores. Até álcool e desinfetantes. E queimava. E estertorava e via tudo rodando no seu delírio.

Massa enervada, e só. Dinamitada a luz do pensamento. Monte alucinado de impulsos. Obscuras cavernas. Carne trágica. Tremor diluidor da personalidade atuante. Desrespeito aos limites. Contorcionismo ao redor do desespero. Dedos atormentadores. Baixios.

Vaguidão embriagada, mais tarde, do seu corpo doido ao relento. Sua tentacular necessidade de se agarrar agarrada. Sua voz que se transforma em vagidos.

Vazia a noite, vazio o copo, fantasma da solidão ela arrebenta em flagelos. Sai sem destino uivando para a lua. Com um tronco se enlaça. Roça no tronco a carne insatisfeita. Sente e ressente, funde e confunde sua dor seu prazer. A lua torta. O céu turvo. A saliva espessa. Ela baba. É uma fera indômita.

São montanhas que desabam pelo interior revoluto. Mundos que se entrechocam num horripilante silêncio desencontrado. Sua solidão não se apaga. Seu cabelo escorre pela testa lhe dando um ar de tristeza. E seu remorso escorre pelos dedos como uma tatuagem que dói.

DISCRIÇÃO OU DESCRIÇÃO?

Era tão prodigioso seu feito, que aquilo ele não contaria a ninguém; e ia pensando nisso como um exemplo específico de resolução férrea quando o sinal fechou bem ali. À sua frente, a catedral imaculada. De um lado e do outro, braços de rio. A ponte que ele teria de atravessar agora começando a tremer.

Não contaria nem daria a entender nem permitiria que a menor insinuação que fosse lhe escapasse da boca. De mais a mais, de que adiantava? Ninguém lhe daria mesmo crédito, era uma coisa tão absolutamente notável que todos a tomariam decerto por um solene exagero. Não, não contaria, não faria esse papel de palhaço, não seria motivo de chacota.

O sinal abriu. Tomou a direção que queria, embora não quisesse objetivamente nenhuma, tomado como estava pela indecisão. Porque afinal, se ainda debatia o caso por dentro, não estava no fundo tão resolvido assim. Sendo o fato tão raro, havia também esse outro aspecto em cena — a tentação de dar-lhe materialidade, concretude, transparência e reflexos comunicando-o a alguém.

Mas quem? Repassando a lista de amigos (em parentes, para uma coisa assim, nem pensar!), desinteressou-se um por um de todos. Com os mais chegados a narrativa da façanha, tão sua e crua e secreta, poderia criar danosos vínculos de intimidade excessiva. Com outros talvez se desdobrasse em incredulidade e desprezo.

Portanto, sendo isso pior, era melhor calar o bico e conformar-se com a situação do segredo, que, não tomando substância ante expressões alheias de pasmo, não se consubstanciando no outro com as orelhas em pé, não o levando a arregalar os olhos nem nada, permaneceria ainda mais confuso e irreal, mais indistinto — um choque na memória, leve, brando e vago como um navio ao longe na praia.

Donde, em vez de se entregar ao desespero, à vontade, por exemplo, de um navio que ali não existia, ele apenas rememorar um grafite que entrevira num muro e a chuva tinha apagado:

"Se um dia você fizer
alguma coisa grandiosa
e ninguém notar,

não se incomode —
o Sol também nasce todo dia
e ninguém aplaude."

URVENTO

Pois o vento ventava como aquilo que o vento faz quando venta. Aquela orquestra de barulhos. Como uma luva, no sortilégio dos seus dedos, soprada nos mais diversos sentidos. Com força, decisão e constância. Como se houvesse uma ventania mandada por um conselho dos deuses na montanha mais alta. Para espalhar até bem longe as sementes que as árvores fazendo plac soltavam. Imensos gomos de bambu-gigante rangiam ao roçarem uns nos outros com tremenda energia. Para sacudir os bambus, ecoar nas pedras. Eles, os deuses, soprando juntos com as bochechas vermelhas, como se fossem anjos do deserto, ases do fogo. Em plena seca (mas um dia ainda chove!) as sementes voavam nas suas asas sedosas se acamando na terra. As flores secas trabalhando e florindo. O vento as distribuindo e rugindo. As garras de leoa do vento e seus metais gloriosos. Vento para confundir os limites, revogar os cabelos, aplacar. Para entrar nos corredores, afastar a tristeza e carregar as doenças. O vento no bambuzal varre o mundo. Seus gestos no capinzal unânime que se sacode e se dobra como uma onda. Sua massa momentânea numa travessia conjunta. Suas lufadas na noite enluarada para invadir os gabinetes e atirar nos tapetes os papéis arquivados, os apontamentos anêmicos, secos, desgastados. Ah, esses oboés do vento, ah suas velas desfraldadas ao vento, como se aquela noite tão bonita, comigo dentro, e você tão perto, fosse uma arca-de-noé ao relento, sob os cavalos e os rebentos do vento, suas invisíveis galeras, suas imprevisíveis patadas!

FICAR NO BOTE

O bote, parado, balançando ao sabor da correnteza, amarrado na beira por uma corda, mas inquieto contra a estaca para se soltar e partir, já era quase, às três da tarde, uma extensão do corpo e do sonho. A mesma hora todo dia se espichava no fundo, e punha os remos da imaginação ao trabalho. O langor do bote que era feito de tábuas, não de um tronco inteiriço, como as canoas, no calor abrasador daquela hora indolente. Era um bote bem comum, mas era (tinha sido, algum dia) azul. Daí as manchas que trazia de um azul-água lavado, visíveis contra as placas de lodo, lamacentas e escuras, que se acumulavam por baixo. A mão no rio, que vinha com sua água espumosa lamber o casco oscilante. E a mão do rio, que parecia suspendê-lo no ar para o movimentar pelo espaço. Um bote azul dos mais comuns amarrado, como em qualquer curva de rio onde se forme um remanso, e o langor da tarde longa, como um motor silencioso, a impulsioná-lo de leve contra a corda na proa. Como o homem, cavalo sôfrego, açoitado por contraditórios impulsos, o bote, quando ventava, se debatia na água encapelada, querendo e por enquanto não podendo partir. Mas isso, se fosse o caso, só acontecia depois, porque às três da tarde geralmente a hora quente o sujeitava a ser um bote parado. O que nunca se impunha como totalmente verdade, porque um bote parado ainda se mexe no rio, e o azul pálido de sua cauda na lama, dependendo do impulso, podia muitas vezes se tornar prateado. Seria então esse bote uma sereia na orla, quando o sol o dourava com suas tranças? Ou seria um esquife, um leito arcaico, um sarcófago, com sua forma feminina de sereia feita de tábuas? Seria um bote ou uma bateia, já que era largo, bojudo, arredondado, e deslizava sobre a areia como se fosse apanhá-la, de tão raso o remanso? A hora quente, bojuda e arcaica o comandava, era ela quem se espichava no fundo, ela quem se tornava de fato personagem e autora dos destinos da história. Desenhava aquela cena banal de um velho bote encostado, punha dentro uma bateia de sonhos e — com o céu no peito, desfraldado e sem rugas — deixava aos remos da imaginação o trabalho, nem tão desagradável assim, de tocar o barco.

MAGRO COMO PÊNDULO

O relógio-carrilhão da fazenda, com sua tampa refletora de vidro, encostado na parede cega e caiada, na sala enorme e desprovida de móveis, tinha um detalhe realmente espantoso: de cabeça para baixo, amarrado pelos pés à engrenagem, como uma peça, para oscilar e dar as badaladas, era um menino pálido e magrelo que lhe servia de pêndulo.

O chão da sala da fazenda, feito de tábuas largas corridas, era lavado a água e sabão e asseado, sem levar cera. Pelas frestas do assoalho, guinchos e cheiro de coelhos inundavam a sala, pois embaixo, no porão, havia uma criação desses bichos.

Era discreta a vista da fazenda. Dois morros baixotes e a estradinha no meio. Mas era linda: coqueiros margeando o terreiro e bois comendo capim! O engenho velho. A roda d'água. O paiol. Tachos de fazer açúcar. Selas arriadas nos paus de amarrar cavalo na sombra.

Perto da porta da cozinha, sentado o dia inteiro, o velho recebia notícias, coçava a cabeça, fazia cálculos, dava ordens suaves para melhorar a fazenda. Ninguém tinha pressa. Na sala, era lenta a progressão do menino que aprendia a escala do tempo, que então se impregnava dos seus futuros horários.

Mas um bom exercício, aquele de oscilar como um pêndulo. Mais tarde, quando levasse as doze carimbadas, quando seus ponteiros se encontrassem na metade do dia, quando fosse impulsionado de minuto a minuto sem saber para onde, o menino mais crescido, menos magrelo e pálido, e de cabeça para cima, teria já certa prática. Participara da inexistência do tempo, na primeira leitura. Na segunda, tinha o tempo na carne.

MULHER DE PÉ NO FIM DO MUNDO

Somente uns tufos secos de capim empedrado crescem na silenciosa baixada que se perde de vista. Somente uma árvore, grande e esgalhada mas com pouquíssimas folhas, abre-se em farrapos de sombra. Único ser nas cercanias, a mulher é magra, ossuda, seu rosto está lanhado de vento. Não se vê o cabelo, coberto por um pano desidratado. Mas seus olhos, a boca, a pele — tudo é de uma aridez sufocante. Ela está de pé. A seu lado está uma pedra. O sol explode. Deve ser um gavião que de vez em quando gritava.

Ela estava de pé no fim do mundo. Como se andasse para aquela baixada largando para trás suas noções de si mesma. Não tem retratos na memória. Desapossada e despojada, não se debate em autoacusações e remorsos. Vive.

Sua sombra somente é que lhe faz companhia. Sua sombra, que se derrama em traços grossos na areia, é que adoça como um gesto a claridade esquelética. A mulher esvaziada emudece, se dessangra, se cristaliza, se mineraliza. Já é quase de pedra como a pedra a seu lado. Mas os traços de sua sombra caminham e, tornando-se mais longos e finos, esticam-se para os farrapos de sombra da ossatura da árvore, com os quais se enlaçam.

CONSPIRATÓRIA

E os nomes do lugar e a rapidez das ideias e os conspiradores correndo e a claridade da hora e a mancha d'água e papéis — chegando com suas pastas repletas para conspirar com certeza — e as discussões, as emoções, as interrogações, os engasgos e as sombras tortas do arvoredo no chão como caricaturas sinistras. Seriam nomes como Matinada ou Memena? Abrunhosa ou Vinhosa? Lurdes, Marilu, Neuzi? E vendo que eles vinham cada qual por um lado, cada qual numa hora, e não sabendo se eram nomes apenas, ou realidades e partes de quem era, cada qual entrando de uma vez para a reunião que durava a noite toda, e às vezes duas ou três noites seguidas, e não sabendo se daria para espiar melhor do outro lado, mas tentando, e as contorções e sustos no silêncio. Não havia outro rumo: teria de passar pela atração desmedida, pelo desespero da curiosidade e o medo. A mancha d'água aparecia nos pés, mas a cabeça e as pás de vento rodavam sem conseguir parar. Os animais no pasto eram tão meigos como as raparigas em flor. Ao mesmo tempo, os conspiradores estavam conspirando e seus cabelos embranqueciam depressa e os nomes do lugar lhe escapavam como a rapidez das ideias. Talvez desse melhor para espiar do outro lado, e pela greta do telhado, como tentou, subindo no barranco dos fundos, viu que eles tomavam café em quantidade, eram bules e bules de café requentado, e que todos fumavam como chaminés fabris ou febris. E percebeu que não diria esses nomes, não os divulgaria nem esqueceria, nunca entenderia esses nomes que ficavam grudados na garganta pela manhã para sempre. Os conspiradores entravam pela madrugada com a fumaça densa dos papos. Nem leitores nem eleitores nunca saberiam, mas falavam da situação como sempre. Redigiam estudos. Esboçavam manifestos ao povo. Lá fora os sapos conspiravam como os cochichadores na casa. Os anos galopavam, as cercanias mudavam de aparência e eles não paravam de ler: liam vorazmente relatórios e informes que passavam com seus dedos negros de fumo metralhando palavras debatidas para depor os déspotas. Não o conseguiriam nunca, mas conspirar se tornava para eles uma ocupação como as outras. E havia uma pedreira ao luar e os vultos ficariam impressos e houve um tiroteio uma noite e a cachorrada latia e os nomes do lugar se perdiam e os animais disparavam. Até que um dia um homem novo, chamado Alípio, Elpídio ou Azevedo, desembarcasse na estação como os outros e constituísse outra célula.

CAVALOS NA LUA

Para ele aquela noite eram cavalos brancos soberbos, sem saber se eram ou não encantados. Eram enfim como eles são os cavalos: formosos, musculosos, alertas. Com os grandes olhos cavalares abertos sem piscar nem sorrir: somente olhando. Nem se entreter. Somente vendo e registrando na calota do olho o imenso mundo refletido redondo com suas trilhas e águas. Sim, aquilo ali eram cavalos brancos bebendo, não pedras gordas ao luar, não dunas brancas se movendo com esparsas crinas espetadas de um capim hipotético. Nem blocos absurdos de neve numa região tropical. Eram cavalos feitos de impressões fugidias, com estofo de uma lã muito grossa e o pelo liso. Que se inclinavam para a água com as orelhas em pé, depois viravam para a lua e relinchavam com força. Sim, a rigidez e a força dos pescoços, apontados como canhões para o céu. A doçura da curva das suas ancas, a graça feminina das crinas como cabelos ao vento.

Tomado pelas vinhas do escândalo, com as uvas do escândalo nas suas garras, cavaleiresco herói de eras remotas, ele (fulminado pela beleza da cena) enxotou os cavalos pelas ruas tortas locais. Acordou, para que os visse, a cidade. Afoitamente ia correndo como um doido varrido por entre o célere alarido das patas, enquanto o povo, sem entender o que estava acontecendo, esfregava os olhos com sono antes de levar um susto e gritar. A lua debruçada nas janelas abertas o deliciava ainda mais. Não, jamais seriam cavalos brancos de mármore, porque corriam. Eram a Tropa dos Mistérios, nunca jamais cavalos claros, inteligíveis e palpáveis de talco, gesso, cal, lençol, argila ou giz! Por isso, sua alvura perfeita, as concreções de nuvens que eles eram, como flocos dispersos a rolar sobre cascos, tornavam-se na noite pacata um escabroso portento. Arautos, gloriosos guerreiros em retorno, cavalhada em frisos imemoriais, marcha triunfal com tambores. O tropel da vitória, as asas do desejo, o arrebatamento das glórias obtidas em incursões pelo incógnito.

O ENTERRO DO CAJADO

Sem destino, mas com um cajado de estimação em punho, o homem arrependido e sofrendo achou que descobriria seu rumo ao ouvir alguma coisa como um simples bom-dia da primeira pessoa que ele por acaso encontrasse quando saiu caminhando. E assim foi, de fato. A primeira e única pessoa que ele encontrou no caminho lhe perguntou de repente: "Já conhece a estrada nova? Dizem que está uma beleza!"

Não a conhecendo, ele foi por ela. Nos primeiros quinze quilômetros, nada. A uma ligeira e passageira impressão de cansaço, porém, uma cachorra sai do mato e comparece a seu lado. Inspeciona-o com relativa prudência e, sentindo a barra limpa, passa a acompanhá-lo de perto. Andam juntos por uns bons estirões, ele e a cachorra e o tal cajado. De estimação e de mogno, com inscrições cabalísticas que o protegiam, este se apoiava no asfalto com um barulho seco e espaçado. No mais, quietude geral na estrada longa e deserta na qual ele andará loucamente durante dias e noites.

No terceiro ou quarto, a cachorra em dado instante se atrasa, olha-o com um ar de piedade, disfarça e faz meia-volta. No chão, o barulho do cajado agora soa mais forte. O homem vira a cabeça e vai em frente, parecendo pensar que sua solidão aumentou e ele se sente mais livre — livre até da cachorra.

Mas restava esse cajado que ele agora repousa na cova rasa e comprida, cavada em terra mole e grudenta usando as mãos como enxada. Cobre-o, olha para o céu e, processado seu ritual modesto, ele agora se livra do cajado também. Sozinho, corre e pula pela estrada vazia que ainda vão inaugurar qualquer dia. A independência absoluta de sua dor o castiga, mas despoja-o de sua dor e seus vínculos. Seus músculos estão concentrados. Cessa toda ilusão de companhia. A liberdade é infinita, o espírito flui da carne exausta para preencher seu papel: "Não sou a tua consciência", diz-lhe então uma voz. "Ouça o que tenho a te dizer. Eu sou a Voz da Consciência, que não se engana nem te engana."

NARCISA

Se então ele descesse até a beira do córrego passando pelos pés de cuité carregados. Se ele parasse para ouvir. Se visse um vulto, ou se o imaginasse ter visto. Ou se ficasse simplesmente observando uma folha. Se suas preocupações fossem outras. Que inseto que bicho a roeu assim desse jeito? Perfurada renda perfumada. Ou o tempo gasto para fazer uma pedra, se ficasse no córrego. Onde as pedras redondas eram feitas. Se pensasse no carro. No que ouviu dizer. Que era no campo de futebol que ela se encontrava com ele. Porque parava para olhar para as pedras: as vozes, outras vozes, o invadiam. A lenta eternidade do trabalho da água. E a estridência dos enredos da cidade nos seus ouvidos. Cabeça, cabaça de palavras. Logo (era no que falavam) na véspera da data magna, com tanta gente trabalhando de noite até bem tarde para preparar o cenário. Foi por isso que viram. Que pegaram, como eles disseram rindo, os dois primeiros que tinham visto no campo. Na-da-ta-magna-do-município-gente. Que vergonha meu deus. E o homem tinha de fazer um discurso, devia estar em casa aquela hora decorando o papel. Eram facadas de vingança, aquelas frases. Aquela hora aquelas frases ferinas apunhalando a sua honra impostada. Se pensasse no carro, vendo as pedras. Mas pensava nas pernas da mulher no gramado. O carro era um detalhe depois. Antes a tinha conhecido conversando nas salas. No chá das saias dos babados do dia naquelas rodas de tias e vovós em poltronas e cadeiras frescas de vime. Mas agora ele a via à luz dos archotes. Eram memórias do mais alto interesse e investimento. Por um lado pensava: mas que absurdo, aquele cara, um criminoso, e gordo, e feio, com a mulher do juiz! Por outro, desejava como todos os outros: será que eu também teria uma chance? E aí (ele, olhando para as suas pernas de pedra): será que a encontraria outra vez depois do carro? Voltaria àquelas salas — perfurada renda perfumada — para rir do mesmo modo de alguma grande bobagem? Teria então as pernas verdes, como a grama do campo? Ou seria como antes, a seus olhos ingênuos, uma mulher completamente vermelha? Batia os olhos e pensava que expressão mais estranha, bater os olhos. Batia como se estivesse se flagelando e ao mesmo tempo se exaltava no mais puro deleite. A suprema honra e o supremo ultraje se juntavam assim para igualar-se à noite. Igualavam-se (engolindo-se) à noite. Desapareciam sob a folha recortada que o interessava muito porém. Reduzindo-se às nervuras e nervos. A física dos acontecimentos revoltos, palavras exageradas sem dúvida, que inseto que bicho a roeu assim desse jeito, um açucarado langor pelos ouvidos explode. E nesse ponto quer dizer a ela uma coisa. Que ele jamais a expulsaria da cidade como os outros fizeram. Continuaria a recebê-la na sala, se acaso tivesse uma, e não se retrairia, como fizeram tias e vovós, ao seu impuro contágio. Tinha tocado, tinha batido uma por ela na grama. E não se libertara da impressão dos seus dedos. Era o bruto que lhe arrancava a máscara. Porque devia estar agora batendo, com seus olhos de pedra estatelados. Talvez caísse uma chuva fina no campo. Talvez eles rolassem na lama como dois porcos. E talvez, se ela pedisse, ele batesse mesmo. (Bateram muitas palmas quando ele acabou de falar. Elogiado, como sempre, disse que falou de improviso. Mas naquela hora, como todos sabiam, ele estava em casa decorando o papel, e assim, mais uma vez, mentiu.) Assim, batendo, não pensava nele. Nem nela. Mas numa situação exemplar, que era ela, sua maior necessidade íntima então, o símbolo eventual de seu desejo por ora sem uma face marcada, e as coisas que boiavam ali na superfície da água, anéis de água, ovos de pedra. Era o lado engraçado de tudo aquilo, se ainda tivesse tido tempo de pensar para trás: o magistrado decorando o papel, na sua sala cheia de recursos, e ela sem nada, despojada, dançando nua para o vento com o outro, na mesma hora. Cada um colocando mais pimenta no caso. Colocando mais. Você todinha. Somando histórias que o levaram a isso. Frases assim, que iam caindo pela boca da noite. Que um dia o levantaram transformado no outro. Que o arrastaram levitando e afobado a aproximar-se do campo. Até porque, com a transferência do juiz, três meses depois, pedida e concedida sem maiores delongas, quando ele a viu passar no carro sentiu — surtou — tentou se desculpar com a pessoa ao lado e sumiu. Era bom demais. Era a malha vermelha do delírio outra vez. Deixou que ela visse, olhando casualmente para o chão, e visse que aquilo ali era dele, com ele olhando intensamente para o chão e o carro. Sumiu dentro dela, enquanto, a perder de vista, ela sumia também. Ficaram marcas de queimadura no vidro. E, sendo de fogo sua imagem, pura ilusão de labaredas estranhas, a necessidade complementar que ele tinha de afogá-la no espelho.

DE VIGIA

Sentiu cheiro de hotel quando passou pela porta. Ao lado, sorveteria. Olhou ao longe palmeiras. Elementos na praça, não sei, aquele grupo, mas poderiam ser figuras suspeitas. Porque senão não tinha graça. Se é que tem. Palmeiras longe como a coisa mais longe como o longe. Lá e de lá o que atraía, ignorado, e a suspensão que nele dava estar olhando e sonhando: um dia eu vou. E foi. Cheiro de hotel desinfetado lavado e naftalina. Caminhão arrebentado encostado com o pneu arriado. Sensação de desatino passando. Se estava ali e havia aquele grupo esquisito, devia haver então alguma trama no ar. Percebeu que o observavam também, no dia seguinte, no posto, enquanto enchia os pneus do carro. De noite, não entendeu na verdade nada. Mas anotou: chupando manga, levando um papo muito disfarçado, demonstrando uma satisfação muito grande de quem parece dizer "estou sabendo de tudo". Cinco ou seis ou sete rapazes em descontraído complô na porta da sorveteria amarela chupando manga de noite. No dia seguinte aqueles mesmos algozes sentados na mureta do posto como pilares. Mudos, hieráticos. Mas não — nem no posto nem na véspera — propriamente ameaçadores, e sim como se a ele é que estivessem tomando por alguma ameaça, daí acompanharem seus passos como um cachorro xereta. Mas e a manga? E a discrição satisfeita que ostentavam, não condizente com as idades que pareciam ter? Outras raras pessoas da cidade, que passavam por ali por acaso, pareciam entender ainda menos, pois nem ligavam para a sua presença nem para a presença do grupo à luz de um poste no banco. (À luz de um poste no banco à porta da sorveteria amarela com um cachorro preto xereta lambendo as cascas de manga na noite fria e intranquila.) No que a ele lhe dizia respeito, afinal de contas, limitara-se a tirar umas fotos do casario antes. Seria um crime, haveria nisso algum mal, seria assim tão raro na cidade uma pessoa de fora querer bater umas fotos para ter de lembrança? Ao mesmo tempo, dizia-se: o que há de mal num grupo grande com um cachorro xereta à luz de um poste? Sim, disse-se isso várias vezes, mas quando, no posto, nisso que se abaixava para encher o pneu, viu o mesmo grupo de novo já achou muito estranho. Pois dessa vez à luz do sol ninguém chupava manga nem fruta alguma nem tossia nem dizia palavra nem havia por perto, não havendo cascas para lamber no chão, o cachorro preto da véspera. Era tudo liso. Todos os olhos concentrados e quietos olhavam para cada um dos seus gestos como dardos certeiros. E ele pensou: agora sim é que são elas. Pois foi aí que o seu pneu não encheu. Porque estava furado e foi trocado pelo step correndo. E ele sentiu nos parafusos os dedos — todos os movimentos dos seus dedos filmados pela câmera ardente daqueles olhos saltados. E saiu correndo. Achou que não estava com medo, mas assustado de tanta incompreensão e sarcasmo. Tirou o lenço, limpou o suor da testa, disse ufa e agradeceu estar ileso e distante. Depois de tantas obscuras paradas, que alívio! Porque mesmo à luz do sol como vimos pode haver desses grupos hieráticos, mudos, obscuros, que espionam cada um dos seus gestos com voracidade certeira, se você for forasteira. Ou o homem de fora, se você não for ela. (Nem eu, que juro que ouvi este caso sendo contado pelo homem à mulher dele uma noite, muitos anos depois.) Não eram elas, segundo disse, como havia pensado, nem seriam eles seus algozes. Nem o som gozado da palavra algozes talvez. Ouvi-o à sombra da mangueira da casa onde ele estava hospedado ou malocado, se pertencesse a uma organização clandestina, o que não era nem nunca foi o caso. Se ele traficasse, quem sabe, alguma coisa. Se eles, por sua vez, pretendessem aliciá-lo para uma causa, uma fraternidade, e por isso o estudassem com tão grande atenção, antes de fazer o convite. Se quisessem propor-lhe participação nalgum golpe. Se ele não tivesse conseguido sair vivo dali. Residualmente a sensação era forte, sem dúvida, e não de medo, como já dissemos, nem de angústia incontrolável, nem de vontade (como acabou acontecendo) de fugir a jato. Já a versão que o grupo propalou na cidade ele jamais naturalmente iria saber. Se é que eram pessoas normais, de carne e osso, dadas a comentários normais sobre as pessoas de fora, e não um grupo inanimado de bronze, de pedra, de transferência do mármore rajado do material mental para lá.

QUERER DIZER

Que febre o agita assim tão cedo, como se existisse por dentro alguma coisa que exclama? Que ânsias, que desejos são esses? Certamente não sabe, mas percebe a movimentação das palavras que se digladiam no cérebro. Tinir de espadas, brilho rubro. Certamente não sabe que está sendo chamado, que dentro em breve sairá caminhando para jogar palavras ao léu. Consubstanciavam as mesmas, ao que parece, suas melhores intenções. Mas cada boa intenção que o possuía não poderia também ser um disfarce para uma falha sua qualquer? Sim, a febre humana de querer fazer e dizer, que dentro em breve o arrastaria para construções sem função. Por que não, diria (caso a febre, caminhando, passasse), semear os olhos apenas?

Mas na hora, quando a coisa explodia, quando lhe vinham labaredas à boca, saídas de seu mais íntimo, dizer se transformava de repente numa necessidade orgânica. Dizer que havia umas palmeiras ao longe, que o vento as penteava de leve. Ou então: que havia um casario deitado, debruçado no rio à sombra. Sairia por aí sem função, acompanhando os acontecimentos mais ínfimos, e nisso poderia compreender, mas nem assim extinguir, o fogo dos seus inúteis anseios. De onde lhe vinha algum desejo para ouvir ou falar determinada palavra, como as combinações se formavam, quem ditava tais ordens, quem as redigia em seu nome? Pensava o pensamento. Deixava-se embriagar de sentidos.

Queria muito (não, já o não queria depois de ter pensado) achar o fio de conexão dos impulsos com as ideias mais repentinas. Quando chegado à fase posterior à explosão, na qual os sons o atordoavam, na qual querer, sem forma, o alucina. Visões que ainda teria algum dia, como a de um navio em chamas no mar. O prazer animal de abandonar-se: uma escrita dos instintos: uma voz na garganta. A vontade estraçalhada por dentro, na solidão dos seus percursos, de fazer um gesto. Os gestos que poderia ter feito, ao atingir, no centro das chamas, aquela zona onde as labaredas não queimam.

O prazer absoluto que vem depois de querer, à medida que o quadro se compõe e desmancha na revoada de nuvens da memória — navio em chamas! Ampla e saciada quietude da infusão na paisagem. Visões de um rancho, cicatriz de uma cerca. O sol na cara derretendo impressões. Camadas faciais caindo, paredes cranianas rachando para o ar penetrar. Mais luz o invade: é a plenitude sem máscaras.

Foi preciso no entanto desenhar o conjunto, e nele, personagem de sonho, introduzir-se. Insinuar-se pelas ruas do corpo, que estão desertas de ilusão, que agora são estranhas ruas antigas sem ruídos nem sólidos. Seus contornos esbatidos o envolvem, sua figuração se desfaz, tudo são manchas. Foi preciso desenhar o conjunto, rompendo a linha do querer, para depois o examinar à distância, de onde os pontos impressionistas tão tênues, por um processo reverso, parecem criar realidades que, com um passo à frente, logo se dissolverão outra vez. Nada se plasma, resiste, perdura, toma consistência de fato. Planos de cor, casas ou vultos, pessoas — pinceladas do acaso. Palavras? Música residual instintiva.

CHINÊS COM SONO

(2005)

LÍNGUA DE BOI

Entro na trilha em terra estranha.
De ambos os lados há carcaças de boi,
pelos, costelas, caveiras, rabadas.
Trepadeiras silvestres se entrelaçam
pelos restos de ossadas,
e nesse nicho entre florido e macabro
vou penetrando de calção e sandália,
atraído e levado por uma forte energia
mas de repente estatelado por uma voz que me ordena
parar.

Voz de boi morto, com certeza,
e que na mesma língua breve adverte
que, se eu for em frente,
não terei retorno.

OLHAR DE VACA

O império das formigas. A vaca
olha de longe o efêmero passante.
Os passarinhos atravessam
a estrada estreita, quieta e sinuosa
que segue o rio pelo vale.
O silêncio aglutina as criaturas
e os menores ruídos.
Vê-se a proliferação das espécies
nos menores meandros.
Mundos inimagináveis se criam.
Mundos desaparecem
nas bocadas da vaca no capim generoso.

CONVIVENCIAL

Vivo entre poetas antigos,
amigos de longa data.
De alguns conheço a casa, os parentes,
as amadas e os eventuais concorrentes.
Suas fraquezas, franquezas, proezas e manias
parecem de pessoas vivendo
no dia a dia ao meu redor.
Ouço esses poetas cantando
como companheiros no bar.

Todos os sons atravessados
do planeta disperso
são ouvidos agora
no silêncio
interior.

Admirando na diversidade dos tomos
a multiplicidade de formas
que a vida assume
sem destino.

HIPNOSE

A fogueira espanta o frio.
Mantém os bichos em estado de alerta.
Clareia.
Desmancha em cinza as ilusões. É brasa
viva. Queima e vira carvão
que é lentamente requeimado nas pontas
enquanto os olhos
congelados no fogo
documentam lambidas
das línguas ou labaredas que o vento
sopra para todos os lados.

DESENCORPANDO

Sentado atento como um totem,
um índio ou um animal que espreita
a dança de movimentos da mata,
pela própria concentração diluído
em tranquilo despetalar de instintos,
não perguntando coisa alguma e se dando
à consciência regeneradora do todo.
Não abrigando sequer um sentimento
no iodo de decomposição que o circunda.
Testemunhando o nascimento das folhas
numa voracidade exaltada.

TERRA BRAVA

O furacão formou um rolo
de vento no fundo
do vale
e saiu levantando
galhos que decepou e jogou
no chão
e aí se espicham embolados
como restos da fúria
do furacão assustador
que reduziu o bambuzal à metade
e despencou antes da chuva
por sinal até fraca
em comparação com o furacão e seus
colossais estragos. Seus chamados e rugidos,
silvos, estalos, estrondos. Seus avisos
à bicharada recolhida nas tocas.

LEITORA

Tão leve no seu vestido estampado,
solto e com uma alça caída,
sentada embaixo de uma árvore
em cuja sombra o sol penetra
com finas riscas langorosas,
a mulher lendo, emparedada pelo livro
que tem nas mãos,
nem demonstra sentir na pele doce
a chuva ou saraivada de insetos
que a percorre, caindo em linha reta
da árvore espaçosa, e pousa
nos seus ombros nus, nos braços
e no cabelo sedoso,
para adornar-lhe o corpo pensativo
como joias raras,
como broches vivos.

CONFISSÕES A UM ANDARILHO

No fim da noite, homens aflitos,
sorrindo para disfarçar, mas
cada qual com algum problema
pesando na consciência,
acercam-se de um andarilho que chega
de longe, nas primeiras horas do dia,
quando a cidade toda acesa
ainda custa a acordar,
e fazem confissões para ele
— inesperadas e até acabrunhantes
para qualquer um,
mas que em sua condição de andarilho
curtido ao sabor da estrada
em noites de lua e fome ou
perfeitas manhãs vazias,
ele ouve ali sem pressa alguma e, no fundo,
sem maior interesse, não julgando nem
se espantando com nada e, sim, deixando
sua orelha ao dispor, distribuindo
apenas
suas próprias migalhas de compreensão sobre a dor.

O OBSERVADOR OBSERVADO

Quando eu me largo, porque achei
no animal que observo atentamente
um objeto mais interessante de estudo
do que eu e minhas mazelas ou
imoderadas alegrias;

e largando de lado, no processo,
todo e qualquer vestígio de quem sou,
lembranças, compromissos ou datas
ou dores que ainda ficam doendo;

quando, hirto, parado, concentrado,
para não assustá-lo, com o animal me confundo,
já sem saber a qual dos dois
pertence a consciência de mim —

— qualquer coisa maior se estabelece
nesta ausência de distinção entre nós:
a glória, a beleza, o alívio,
coesão impessoal da matéria, a eternidade.

LABIAL

Não há como dizer o que se sente.

Há porém quem consiga, dando
cambalhotas verbais, ou seja, usando
as propriedades elásticas da fala,
dar ao contrário do que pensa
uma formulação genial.

E é preciso atenção
para ouvir dos outros,
no meio dessa imensa balbúrdia
de suas falas acamadas em uma
comunicação casual ou soltas
nas molas de um desabafo,
a frase que a nós dirá respeito, a palavra
certa para orientar nossos passos.

DESPOVOAÇÃO DA PESSOA

Tudo que havia contribuído
para forjar, no tempo, uma pessoa,
tentando dar coerência
à sua instabilidade crônica,

tudo que, medido e marcado,
era um acréscimo de regulação
para o funcionamento ordinário
— nome, renome, cadastro etc. —

foi de repente estilhaçado
e, como cacos de vento
no caminho incerto e novo,
nada do que a fazia persiste

na sensação de liberdade
que esta pessoa de perfil nulo conquista,
ou melhor, conhece, atravessada
por lufadas de pó.

RESSURREIÇÃO

Meus dedos estão morrendo
porque já não pegam tudo
com a mesma avidez de antes.

Mas da ponta dos meus dedos
(talvez enfim mais abertos?)
nascem — milagre — plantas

intumescidas de seiva.
Nem sempre se distingue entre os dedos,
tão cheios de nós e rugas,

e os tocos que, estando secos,
mas tendo enraizado em segredo,
se cobrem de viço e folhas.

PEDRA DOIDA

Abraçado no pescoço da pedra
que se aninha numa curva da estrada,
e alisando a aspereza do granito
como uma superfície emplumada,
o maluco dizia que essa pedra
— bem assentada com seu pescoço pontudo
que parecia uma orientação ao passante,
enquanto o pedregulho em si parecia
um ente espectral ou um corpanzil agachado —
era para ele uma galinhona gorducha
que o aquecia do frio da loucura
sob um sol escaldante.

CHINÊS COM SONO

Enquanto os bois e os pássaros retardatários
procuram seu lugar de dormir
e um lavrador quase omisso na paisagem
procura a rês desgarrada,

nessa hora crepuscular avançada
que injeta um misto
de langor sensual e misticismo e cansaço,
captados porém por um pintor hipotético, antigo, que,
apertando bem os olhos, como um chinês com sono,

vê que a noite chegando sobre os morros
são apenas rajadas, pinceladas de luz.

AMOR NO MATO

Madrugada vai alta e o caburé
grita e não há ninguém de pé.

Nada espelha ao ar livre um movimento,
um gesto ou passos na região ao relento.

Mas um homem pula, glorioso, da cama,
no auge do amor com sua dama,

e, nu em pelo qual se achava, e no cio
tendo recebido seu prêmio,

caminha para fora da tenda,
em linha reta, com a oferenda,

para repassar à amplidão
sua transbordante efusão.

Ainda febril dizia aos sapos, mosquitos
e caburés de aflitos gritos,

dizia aos vizinhos todos
com deferência e bons modos,

que seu prazer só se tornava
mais forte e se completava

quando, em vez de ser guardado
como um valor qualquer mofado,

era dado no escuro pelo pênis,
em comunhão com o gozo das espécies.

A UM EX-HOTEL

Já não se assiste ao lufa-lufa das malas
confiadas a carregadores sonâmbulos.
Não se ouve a conversa dos talheres
interrompida pela mastigação dos hóspedes.
Tudo isso acabou no esquecimento.
Não há portas, cortinas, corredores, escadas,
camas rangentes nem lençóis impecáveis.
Quase nada ficou do hotel de outrora,
além da tabuleta obsoleta caindo
de podre no inexistente portão.
Nada de um secreto rumor, senão raízes.
Nem mesmo aquele cheiro de hotel, somente o mato.

AMOR NA MOITA

Enfiado na moita ele espiava a menina
pelada tomando banho no açude.
Uma gracinha. Rodeada de papiros
cujos penachos se dobravam na beira,
e com seios redondos como os seixos
que a água, massageando, endurece,
ela era um indicativo de calor saciado,
ora afundando, ora voltando à tona.

Mas na moleza morena dos seus pelos
havia um complicador que era a fome
de braços para massageá-la também, de
língua de homem que a lambesse e colasse
na sua pele tentadora, como,
sem que no plano consciente ela soubesse,
apesar do desejo que a inundava,
ele estava fazendo atrás da moita,

pensando nela, e nela, e nela, e nela.

339

CATANDO COISAS

O vento entrou soprando forte e jogou
um monte de papéis pelo chão.
Ele se abaixa a apanhá-los e pensa:
"Ah, os papéis que eu faço".

Ajoelhado nas tábuas do assoalho,
depois sentando-se de braço esticado
para alcançar o que foi parar mais longe,
o catador de folhas se recorda
do teor de certas papeladas.

Recordar é morrer. Mas não há sangue,
tristeza nem horror pelo ar.
Na operação mental em curso
durante a ocupação manual,
quando um golpe de vento do destino
mistura as folhas marcadas
e perdidos momentos se rejuntam
na pilha de documentos ao léu,
uma neutralidade nova o impulsiona
a olhar de fora e de longe o seu passado
(como um dessemelhante que, assim,
merece sua isenção e respeito),
equilibrando-se da melhor forma possível
pra não fazer um papelão caindo.

DANÇANDO NA CHUVA

Montanhas brancas, desenhadas no céu
pelos recortes das nuvens de verão,
são afastadas bruscamente de cena
no vendaval de incerta duração,
enquanto em seu lugar o negrume
uniforme de massas mais revoltas
faz a chuva cair lavando a pele,
a alma, os ossos. Tudo gira em fusão. Os passos pesam,
grudam na lama como a roupa encharcada
cola no corpo e, na terra sequiosa,
as sementes inchadas se esparramam
ao sabor do aguaceiro.

SOBRE UM TEMA DE CONFÚCIO

Que fique pelo menos um homem
sozinho num bar deserto pensando
em nada de especial e curtindo
pessoas atarefadas que passam.

Que a ele pelo menos aquilo
tudo — a pressa das tarefas e os carros —
pareça uma paisagem vazia
e até certo ponto sem cabimento.

Que este homem sentado, soterrado
talvez em decepções amargas, se oriente
para ouvir a canção além dos passos
e além de sua própria pessoa

que assim no delírio urbano ressoa
sem função social senão deixar
que a boca filosofe assobiando
e o ouvido obediente perceba.

PROXIMIDADE

É madrugada e os braços da neblina,
com seus longos fiapos, me contornam.
Sinto-lhe os toques de carícia quando
a neblina se solidifica em meus ombros.
Ela é o real que me estreita em seus domínios
e o real que liberta.
Sinto-lhe as mãos, o rosto, as coxas
a roçar em meu sexo.
Sinto sua boca refrescando a minha.

UMA ESCULTURA MOVEDIÇA

A criança de areia:
brincando no monte,
foi ficando coberta.
Considerou que ela também era feita
de grãos luminosos
rodopiando no vazio. Ou então de fagulhas
de eletricidade. Como a areia não para
de se mexer nem de refletir
o calor dos brilhos, ali ficou a tarde inteira
a criança brincando.
Sentindo a areia entrando nela,
primeiro entre os dedos, depois nos olhos,
boca, nariz, ouvido:
virando uma criança de areia
sem notar que as horas passavam.

NUMA BEIRA DE ESTRADA

bar que bar uma espelunca bagaço de pernas balcão nojento braços bambos saiotes desajustados rodando exalação de cachaça exalação de mijo exalação de suores cores desbotadas tremendo mancos em quantidade tamancos caixotes engradados tampinhas vômito porcarias no chão cachorro magro sarnento bando matilha em condições semelhantes agarrando um torresmo e um pouco além um gato entre garrafas azuis e lá no canto atrás da mesa de totó lambuzada de meleca e doce de leite uma beleza de mulher decotada com o cabelo preto caindo (ao lado de uma velha enrugada) no seu busto posto com dignidade e estoicismo no meio da sordidez e mixórdia dos farrapos humanos como folhas secas sopradas para dentro e para fora do antro: temporada no inferno.

DERIVAÇÃO DE LU-YU
(China, 1125-1210)

Debaixo do travesseiro do recluso,
a boa espada retine a noite toda.
Umas até viram dragões, segundo dizem,
e prenunciam com isso temporais, pois,
irritadas pelo rumor do invasor,
anseiam por servir nas batalhas, contra as hordas.
Eu, servindo-me de vinho, bebo em louvor da espada:
um grande tesouro deve permanecer obscuro.
Há quem conheça seu valor e, quando
tiver chegado sua hora, eles irão convocá-la.
Se você tem tanto alcance na bainha,
por que externar lamentações?

DERIVAÇÃO DE MA CHIH-YUAN
(China, séc. XIII)

Uma parreira desabada
uma árvore podre
um pássaro preto
uma ponte
um rio
fazenda
estrada antiga
um vento
cavalo exausto.
O sol deita daquele lado.
O homem de coração partido chega ao fim do mundo.

DERIVAÇÃO DE WANG-WEI
(China, 701-761)

Gosto de andar assim sozinho ao relento.
É muito bom ter consciência de si.
Quando o rio corta o meu caminho,
paro e contemplo calmamente a neblina que sobe.
De vez em quando encontro uma criatura da mata.
Rimos e conversamos um pouco,
nem dá vontade de voltar para casa.

DERIVAÇÃO DE LI P'O
(China, 701-762)

Perguntam-me por que moro aqui nos morros azuis.
Minha resposta é o meu sorriso.
Meu espírito conhece aqui
a serenidade.
O rio e a flor de pêssego passam sem deixar vestígio.

Acho que o grande mundo dos homens não deve ser como este.

A ÚLTIMA ROMÂNTICA

A única boêmia da pequena cidade
amanhece na padaria, pintada e pronta
para a farra da véspera.
É extremo o contraste entre a alegria da sua
vestimenta de festa, seus anéis e pulseiras,
e os primeiros moradores que acordam
de sandália e calção. Compradores com sono
de pão com manteiga, e ela tomando
(ainda) uma primeira cerveja, bailando
na espuma das ilusões. A roupa
já em frangalhos, a cara meio torta,
mas o coração gargalhando.

BRANQUEAMENTOS

É como se ao consertar sua casa,
renovando-a com tinta e desinfetante,
ele também se renovasse por
dentro da alma atabalhoada.
Pintava pois com decisão,
branco no branco, e depois
seus olhos se tornavam mais limpos
na contemplação do trabalho.
Havia uma aparência de figuras
na brancura com texturas e pátinas
que só a concentração do pintor, malgrado
tanta tinta tão igual, percebia.
Ele, como as paredes, estava todo coberto,
da cabeça aos pés, de clareza.
Tendo feito seu trabalho
e alguns remendos,
ele agora tinha a mente mais branca.

PERFIL DE UM GESTO

O estranho efeito desse gesto
que parte de você como um dardo
de elegante trajetória
é que ele torna o interlocutor da conversa
feliz ao vê-lo enquanto fala
sem dar muita importância ao que diz.
Só uma coisa o impressiona: a beleza
desse desenho feito por seus dedos
na tela aérea da sala que emoldura
sua graciosa presença. Há um dobrar de cílios,
ou de joelhos, paira uma tal leveza em cada qual
dos seus mais simples movimentos,
que observá-los produz certa euforia,
certo apaziguamento que anima
e leva o interlocutor a voar
com essa energia gerada por delicadeza.

CANÇÃO DA SOMBRA DA BOCAINA
(Lenda colhida em Rio Claro, RJ, terra de Fagundes Varela)

A sombra de um homem só,
sentado com seu cachorro,
ficou gravada, segundo
se diz aqui, numa pedra
no alto daquele morro.
Ficou, de tanto que o homem
sentava lá descansando,
depois de, a passos ligeiros,
fazer a travessia da serra.
Diziam que a sombra às vezes,
em noites de lua cheia,
se descolava do chão e,
recomposta, caminhava
nas mesmas trilhas que antes
seu dono tinha enfrentado;
e que o vulto fiel do cão
ia junto do humano, ia grudado.
Assim como as ventanias,
passava a dupla fantasma,
mas ninguém sabia quem
projetou a sombra esquiva
que usava capa e chapéu
ao restar impressa.
Seria um caçador malfeitor,
um eremita iluminado,
um capeta, um índio velho,
um mendigo ou um impostor?
Seria o tal do poeta
que vivia se escondendo
ou um foragido da lei?

A PASSAGEIRA

Jogando os braços para trás da poltrona,
enrolou-se na cabeleira imponente e assim dormiu.
Ele, que a acompanhava sem querer, sentado atrás,
de onde só via seus braços muito brancos,
largou por encantamento ou fastio
o livro que até então tinha lido
para, absorto na observação, fitar somente
os braços atraentes da dormente embalada
pelo vento que entrava refrescando o ônibus.

Era tão nova a pele dela, tão sedosa,
havia umas mordidas de mosquito, as unhas
eram pintadas de um vermelho berrante, tão
obsessivo se fez o ato de olhar, tão detalhado,
que os braços da mulher abandonados ao sono
começaram por fim a se mexer lentamente, como
se adquirissem vida própria: pareciam,
já quase à parte do ser de sua dona, aceitar a invasão,
enlanguescendo.

BEM SECRETO

Nem saudade nem pressa: paciência.
Aprender essa arte,
conjugá-la com a sorte.

Nem mesmo a sede inextinguível
de inventar necessidades
para satisfazer-se à larga.

Somente a paciência dos anjos
que entoam cantos de louvor.
Somente a paciência dos doidos.

QUASE SUBLIME

Inocência e malícia
nos traços de um rosto
que nem tem gênero.

A confusão de sentimentos
que ele instala em mim ao sorrir-me.

Eu, velho jogral, jovem arauto
de Deus, que terei feito de bonito
para merecer contemplá-lo?

Claro como o rosto do Sol, com
batimentos lunares e textura de pétala,
sua atração se exerce agora
sem que eu me habitue a entendê-lo.

É o viço da juventude que o torna,
na confusão desse desejo, sagrado.

Não ouso querer tocá-lo,
mesmo que esteja latejando em meu íntimo.
Nem ouso mais sonhá-lo ainda,
por temer que se esfume.

AO LER NO MUNDO FLUTUANTE

Uma inscrição na pedra à beira-rio,
tanto a água a lavou que se corroem os signos
já em si tão cifrados. Mal se consegue ler,
nesse meio flutuante, o que o escriba queria
dizer, quando a lavrou. E seria impossível
entender o sentido, porque a água adultera
todas as formas, dilui contornos, ondula
sobre a inscrição e a faz imersa e móvel.

Nunca a reflete integralmente,
nem sequer amplia algum detalhe.

Só uma coisa se evidencia: a decisão
do artesão de entalhar esta mensagem
logo ali, no terreno da ambiguidade
entre estados tão díspares, onde ninguém
jamais a conseguiria reter ou congelar.

Percebe-se o mutismo do gesto,
o silêncio que fazia em torno na hora,
as dificuldades contornadas
para escrever dentro da água, ou quase.

TRANSIÇÃO

Antes de enfim aquietar-se, a mente
é bombardeada por imagens de ontem. É sacudida
por impulsos aparentemente sem nexo, mas entre os quais
os elos mais tênues, às vezes, tornam-se perceptíveis.
Faz-se alguma procura, há alguma espera, porém
tudo em breve se apaga. Nenhum resíduo
resiste à claridade, nem a análise de ideias mortas
mostra-se uma ocupação duradoura. À mente vaga
cabe atravessar uma selva
de símbolos em dissolução contínua
antes de se tornar — sem amarras —
vaga, vazia e espontânea.

PARA O MURO DE UM SOLAR

Daqui o ferro de um portão carcomido
e retorcido como galhos velhos se mostra
tão enlaçado pelas plantas que nem
se sabe mais se é de madeira ou ferrugem
o que sobe viçoso desenhando arabescos
nessa entrada de casa abandonada.

Uma inovadora matéria híbrida,
um outro alento, um novo entusiasmo
brotam da combustão dos tempos.

Sobrepõe-se ao conjunto uma textura uniforme
que acentua a falta de separação entre as partes.
Férrea é a beleza vegetal encontrada,
com uma capa de musgo e um muro ao lado.

(Os movimentos dessa transformação ao sol,
a obra infinda da luz nesse portão-simbiose
onde o ferro se adoça em ramas largas
e as ramas curvas se mineralizam.)

A BELA E A FERA

Passava uma mulher com seu cão,
em clima de desavença.
Ela, com seu bastão, o agredia
e o cachorro revidava latindo.
"Seu porco, seu palhaço!"
— gritava a bela para a fera,
sem que se soubesse a razão,
dando-lhe cacetadas certeiras
no lombo, no focinho e nas pernas.
Houve uma hora em que o cão enfurecido
pulou no ombro da tagarela
e cara a cara se impôs.
Era um ritual de tragédia
que esses dois representavam.
Dessa vez não houve sangue,
mas com um cão nunca se sabe.
Sua dona estando histérica
e ele, a princípio, calado,
tendo ela um bastão de comando
e estando ele na coleira
como um imenso saco de levar porrada,
é claro que se poderia prever
o pior também.

SOMBRA E CÃO

Um cachorro sem dono me descobre
e me guia calado enquanto eu subo
a caminho das nuvens.
Numa curva do mato há um carro escuro,
escuso deve ser o casal que lá se esconde.
Ao longe, um sino toca. Eu piso em flores de quaresma
que o vento distribuiu pelo chão. Choveu. Piso no céu,
pisando em poças.
No meu afastamento progressivo
da comédia de erros da cidade,
não digo nada e nada espero depois
de cumprimentar o guia e a paisagem.
Apenas ando contornando problemas
eventuais como o do carro estacionado que pula
no açodamento de seus ocupantes. Não paro,
quando passo por eles, para olhar para trás.
Fico invisível como posso, inverossímil, cego.
Não me comove o mistério do automóvel
numa estrada na serra assim tão cedo.
Chegado à beira de um barranco fundo e vazio,
apenas ouço o tao do sino,
que me toca ao bater não sei por quem,
e o silêncio a que os dois, a sombra e o cão, se dão também.

COMPROMISSOS NO CENTRO

Cada pessoa na multidão compacta,
que anda como um conjunto de elos
perdidos, mantém-se uma pessoa fechada
andando para evitar conflitos.
Variam compromissos e esbarros, mas esse
ir e vir alucinado é que afinal deveria,
hoje, nos fazer mais irmãos. Porém no embolo
são muitos os semblantes hostis,
desconfiados, taciturnos.
Tem pressa a multidão que decorre
do império da necessidade ou da sede
de movimentação pura e simples. E tem
medo. Mas não se agarra. Desliza
e os corpos, como pacotes moventes,
como esferas que rolam, não se encontram.
Em cada face às vezes se reflete
(pura impressão de minha parte) essa ideia
de que andar juntos assim mas tão distantes,
cada qual em seu mundo, só permite
fazer maior a solidão de todos.

A LENDA DO LAGO

Existe o lago, ou seja, sua forma íntima, sua doce concavidade de cratera vazia, no topo da montanha; mas não existe nem se vê água dentro, não se completando portanto, nessa forma, a ideia de existir um lago no topo. Ao mesmo tempo o que chamamos de lago — a coisa cheia, o espelho eventualmente sereno mas de fundo insondável — não mostra, ou não mostra com a mesma pertinência, a forma que jaz por baixo; a suave elasticidade com que a terra se contraiu e abriu em depressão, enrugando nas bordas. Dir-se-ia talvez um lago seco? Se o foi há séculos, não há vestígios disponíveis. A grama cobre, de alto a baixo, todo o leito hipotético: ou melhor: sobram clarões. Há veios minerais de permeio, há cores de terra coagulada em rasgões na cobertura uniforme. Seja o que for que tenha sido — lago, cratera, obra — dir-se-ia talvez que é a forma pura. Vê-se sua envolvente intimidade; a serena ondulação do vazio que vai ao fundo e se alteia. Sente-se a rugosidade das bordas. E falta água. Falta fogo dentro. Faltam substância e conceito. Dizem porém os anciãos que existe um lago no topo.

O ROSTO DA ÁGUA

Fantasiava há décadas um rosto de água,
feito do enrugamento das ondas, tão discretas,
ou existiria ou existe mesmo em seu estado latente
na tona verde de um açude na mata
um rosto assim em formação permanente
com lendas associadas, como se de ninfa ou sereia
ou qualquer uma dessas divindades nativas
que protegem sem deixar de espantar, o rosto
da hora, com sua fantasiosa passagem
pelos devaneios do cérebro, ou de ter o olhar centrado,
há tantas décadas, na mesma superfície espelhada
de onde ele jorra sem parar, sempre com essa fluidez dispersiva
que o torna o rosto do elemento, a própria
expressão da água em si, sua substância mais dura,
ou mais durável, sua insistência em contemplar
quem se aproxima e ali se dobra
numa adoração encantada.

JOGOS DE LUZ

Partículas elementares de fogo
num jogo de assimetrias
em contínua circulação no vazio
criam a matéria de tudo

— de todas as sensações, todos os pensamentos,
concreções e vapores, quando executam sua dança,
que a rigor é um derramar de centelhas,
com as curvas primordiais. Se não se tocam,

não se sabe jamais como elas chegam,
com o puro ritmo, a constituir tantas coisas.
Apenas se constata que as formas
resultam das combinações que a luz faz;

que a casa é feita de fagulhas, como o vidro,
a árvore, as pessoas que eu vejo, os caminhões
e até mesmo seu barulho; que vida e arte e
o que mais me rodeia são explosões dessa massa

de signos, de sentimentos em disparada, de cisma
e gozo, dessa realidade anterior que se estende
por todos os redutos, com sua música
feita de atritos circunstanciais de passagem.

A INALCANÇÁVEL

Vejo-a que se desintegra em pedaços, como se em grandes folhas se despisse. Vejo-a variando de estado: não resumida ao que se chama comumente de alegria ou tristeza, porém imersa num processo de transformações sucessivas. Primeiro é uma garça, depois uma rocha, depois uma taça que transborda e cresce. Logo a seguir, com seus requintes e requebros, já é uma nuvem de langor condensado, como se fosse nesse instante, abrindo os braços à imagem das palmeiras em leque, tentar voar para o infinito. Mais tarde, em vez de concretizar a ameaça, passa a girar em desatino nos meus olhos ingênuos, relampejando nas pestanas como uma bola de fogo.

As mãos em concha se preparam para receber a oferenda. Querem tocá-la e possuí-la, querem guardá-la, pretextando que lhe darão boa sombra para atenuar seu desgaste. Ao manobrar esses tentáculos, o corpo exíguo e maleável vertebradamente se articula numa sanfona de sangue. Cantando, ali se estica como pode e quase nada consegue, a não ser cantar à toa, enquanto seus desejos imaturos e em bruto vão despencando ao redor para se imiscuir no chão fofo, oleoso, fragmentado e movediço.

É em vão assim que entre palavras, querendo apressadamente apanhá-lo, chamusco os dedos no clarão que me arrebata e não cura, pois não se entrega e se retrai para sempre, como se agora estivesse transformado — brilhando sim, brilhando ainda e muito longe — num bloco primitivo de gelo que se adelgaça e me esfria.

RETRATO DE ERMITÃO NO DESERTO

Estava todo machucado
por dentro. Tinha caído na armadilha
de um pensamento nebuloso
que o torturava ao retratá-lo
tão imperfeito, tão perdido. Era sinistro
o desgosto de si que o dominava
quando ali cogitava, extenuado
ao combater com monstros e fantasmas,
de que maneira poderia salvar-se.
Julgava-se um horror, em suma. Até que um dia,
lançado de repente para fora de sua
própria pessoa então aflita,
viu que a seu lado existia um homem calmo,
calado e indiferente, trabalhando sentado.
Viu que esse duplo, de vez em quando, rezava
com palavras fechadas que ninguém entendia
e que depois ele voltava ao batente, assoviando.
Passou assim o ermitão angustiado,
livre do peso interno agora, a imitá-lo.
Submetida à ocupação curativa,
ao prazer de fazer o que lhe provia o sustento,
sua cabeça afinal se aquietou. E ele, somado
àquele outro que também o era,
pôde, comendo seu pão de areia, bebendo
a água seca das nuvens, libertar-se.

UM LEITOR DO CÉU

Habituado a olhar para o céu,
lia presságios nas nuvens que desenham
tantas figuras de passagem: cavalos,
castelos, torsos, cabeleiras, navios.
A companheira inabalável
da solidão que o circundava
era uma pequena estátua de pedra.
Quando vinha do céu algum sinal
que o deixava de humor contrariado,
pela manhã ele a ofendia,
jogando terra no seu rosto.
Logo porém, de tarde, arrependido,
se ajoelhava diante dela para
pedir perdão à imagem fria e muda
(e para todo o sempre impassível).
Se um curioso o surpreendesse
naquele ritual absurdo, se estranhasse
tal sucessão de gestos extremados
(tomando-o por insano,
instável, contraditório, volúvel),
por certo o leitor do céu lhe diria
que estava apenas recebendo sua educação pela estátua:
manter-se frio ante as ofensas e frio,
mais frio ainda, ante lisonjas e afagos.

ROMPIMENTO DE AMIZADE

Saltaram já meio de porre do carro
e foram para um canto do bar,
onde continuaram bebendo.
Havia um nó entre eles dois que ninguém
conseguiria desatar.
Talvez trocassem confidências porque
falavam baixo, olho no olho, sorrindo
um para o outro com ar de intimidade explosiva.
Alheios ao que acontecia ao redor,
tortos e imersos nas respectivas histórias,
foram assim se empapuçando de si,
movidos pela ardência do álcool, numa fusão confusa
de sentimentos contraditórios deflagrados.
Lá pelas tantas um deles se levanta,
sem mais nem menos. Parece irado. Cospe no chão.
Faz cara feia. Não se despede
e parte pela estrada vazia, já bem tarde da noite.
O outro logo sai atrás. É o que dirige. Entra no carro
e toma o mesmo rumo seguido pelo parceiro a pé.
A lua cheia assiste a tudo.
Na curva forte, onde ele encontra
aquele vulto que à mesa lhe dava tanta alegria,
o motorista alucinado não para
nem pensa: mira e acelera, possuído de raiva,
para ali atropelar e matar, querendo-o mais
do que sabia,
o corpo amigo que o tinha rejeitado ainda há pouco.

CLANDESTINOS

A noite, um breu. Pingos de chuva. O frio intenso. E o tesão.
Quase ninguém, quase nenhum carro atrasado passando.
Ela porém de olhos redondos. Ele na esquina, um pouco adiante,
atordoado sob o pé de oiti. Ela se apressa. O encontro é clandestino,
é perigoso, pode dar confusão se alguém souber,
mas não há mais como impedir a frutificação do desejo
que a vida fez nascer ali. Ela, ao pular,
rasga num gancho da janela a cintura,
já apertada, de seu vestido curto. Por cima,
usa um xale de lã. Por baixo, nada.

Quando ela chega, esbaforida e cálida,
logo ele a agarra e sussurra as safadezas mais ternas
no seu ouvido que é um ponto de interrogação.
Depois, colados, deslizam pelo beco. Penetram,
por um portão que está caindo aos pedaços,
na escuridão sem fim do cemitério.
Não há nas ruas da cidade
lugar mais ermo, mais secreto,
mais resguardado do que este para o seu amor proibido.

Desaba agora o temporal. Com o risco,
maior se faz o ardor que os une: os dois se abrigam,
entre restos de vela e de flor seca, nas ruínas
de um mausoléu cavernoso que profanam.

Ali se aninham, se lambem, se consomem,
brincando de se dar como crianças travessas,
enquanto a chuva sapateia nos ombros
dos anjos, uma coruja gargalha sobre a cruz e a morte,
como um raio se alonga procurando um alvo,
percorre atenta os labirintos de cal, silêncio, pedra.

Chinês com sono

BRINQUEDOS BRINCADOS

formas de fogo, os corpos se levantam
com gestos de uma orgia em extinção:
a chama aos poucos transformada em cinza

envolvimento transitório de braços,
pernas, curvas de seduzir, lábios em flor,
ombros amolecidos, ânsias, apertões,

diamantes de sêmen para o vento incutir
na louca cintilação molecular da memória
que se congregou e fechou para cremar

retratos rotos de atos canibais incompletos
em retorno de sua origem nos areais da noite
para a fogueira dos brinquedos bailarinos.

A FOGUEIRA DOS AMIGOS

Tantos anos depois, velhos amigos
celebram, ao redor da fogueira, o reencontro,
conversando como sempre. Rindo um pouco
de tudo, mas com espaço para todos.
Todas as opiniões convergindo
para o ponto unificador de harmonia
que se cristalizou entre eles.
Nem parece que estão passando horas,
nem que o rio do tempo embranqueceu seus cabelos.
Não parece haver separação nem partes
nem vontades opostas
no bailado dos seus gestos solícitos.
É a fumaça rendilhada nos corpos
que delineia as atitudes comuns,
todas enlaçadas formando a mesma figura,
expressiva e compacta, de sombra e luz.
A alegria da simpatia que os irmana
é uma oferenda à alma do universo.
O ato de estar neste conjunto
em sintonia com a pureza dos recortes
é a glória da espécie.

CRUZAMENTOS CAMINHANTES

Dois caminhantes que se cruzam
numa estrada deserta
e que ali param se abraçando
quando se encontram
como num quadro de Simone Martini
sem dizer palavra.
E que logo depois já se separam,
sempre em respeitoso silêncio,
seguindo cada qual seu caminho.

Entre outros dois foi esta a relação:
quase, com efeito, rasparam, de tão rente
que eles passaram em direção contrária,
mas nenhum olhou para o lado,
ninguém sequer pestanejou,
se viu, moveu-se ou comoveu-se,
ambos continuaram andando
como se nada estivesse acontecendo.

Variáveis são pois as reações
(exemplos semelhantes não faltam)
entre caminhantes assim.
Não são somente os corpos andrajosos
que ora se abraçam, ora se ignoram
nessas caminhadas sem fim.
Quem aí vai, se arrasta em companhia
de seres elementais invisíveis
que ajudarão a fazer a ocasião.

NOSSA DUPLA INSTRUMENTAL

Seu instrumento já era uma pessoa,
ideia figurada com peso,
volume, voz.
Ou pessoa ou personagem,
já que o representava tão bem.
Afinadíssimo, um dia,
mas no outro dia emperrado.
Sujeito às variações temporárias
das intempéries.
Um absurdo instrumento que ao relento
toca melhor do que nas salas.
Embora humanizado como um gato
criado em casa entre crianças.
Temperamental como o dono,
cujo caráter, ao ser manuseado, pegou,
livrando-o pois de certos traços
que incomodavam e agora se dissipam
em forma de canções.

MÃO DESFOLHADA

A mão que pousa sobre a mesa,
parando de trabalhar um momento,
ora lembra uma grande folha caída,
ora, ao se mover, uma aranha.

Destacada assim do corpo,
coisa entre coisas circunscrita
por ferramentas, livros e papéis,
por formas inanimadas que agora

(tendo a mão humana no meio)
começam a ganhar vida própria,
ela desarticula o conceito
de corpo, de ser parte do corpo

que então, por sua vez, me seria, se
a mão que dele se distancia
para perambular pelo tampo
da mesa, entre objetos banais,

não percebesse que nessa ocasião,
quando se larga, aranha ou folha, a voar,
ela já é um joguete de outras almas
e corpos: ou não é mão de ninguém.

A PANDEMÔNIA E OUTROS POEMAS

(inéditos, 2021)

A PANDEMÔNIA

Pois é, saí fininho por aí como um rato
amedrontado mascarado se esgueira
pelas sobras do mundo: terra plana.
Nem monturos de lixo nem bagaços de farra
nem destroços de guerra se avistavam
nos espaços desertos da cidade.
Andei sem sombra, pois nada a mim se contrapunha,
carros não corriam como baratas tontas
(pilotados pelo estrondoso furor dos motoristas)
e as motos temerárias que antes saracoteavam nas pistas
como corcéis medievais cumprindo seus belicosos papéis
não tinham na desolação dos cenários
mais vez nem voz. Nenhum de nós, a não ser eu, *hélas*,
que era minha própria e imprópria testemunha,
se aventurava nesse dia
a ver que a máquina do mundo enguiçou.
Alguma coisa estava acontecendo...
Os soberbos edifícios calados
enfileiravam-se inertes tristemente.
As torres industriais não vomitavam
a fumaceira encardida dos seus venenos.
À falta de fiéis, ninguém vendia salvação nas esquinas.
Fecharam-se os bordéis, os bares e os bazares, os bancos.
Ninguém se atropelava, mas quem se arriscaria a namorar,
se a contaminação da pandemônia estava à solta e invisível?
Políticos artríticos não se dispunham
(talvez enfim de si envergonhados)
a sacar na sacada os microfones blindados
que filtram seus discursos pomposos de ursos de circo treinados
para enganar multidões de anestesiados otários.
Pude olhar para o ar, que estava limpo
e onde os passarinhos de sempre dedilhavam
seus trinados alegres pespontados
nos sadios arabescos do voo em liberdade.
Pude olhar para as nuvens, que aviões não rasgavam,

desenhando no fundo do infinito, tão maior do que tudo,
suas formas de sonhos que se consolidam e esgarçam.
Alguma coisa estava acontecendo,
porque um fio de luz, tão de manhã
no coração das trevas, iluminou minha presença,
bateu asas nos olhos e sumiu.

POR PRAZER NÃO SE APROXIME

o passo a passo a põe ao meu alcance
quando ela passa mas não posso nem
pensar em tê-la: aprendo a contentar-me
com vê-la e ouvir o som dos seus sapatos
batendo em pedras duras que o trajeto
das suas pernas torna preciosas
por esse apreço doido com que as sigo
sabendo-a livre além de mim e eu preso
ao seu modo de andar que alegra a rua
onde me atardo sempre de soslaio
lambendo-a só com os olhos quase nua

TRAVESSIA EM BARCO BÊBADO

Era o barco de um bêbado na tempestade
o táxi alucinado em que eu ia
aos trambolhões pelas vias alagadas,
sinuosas e escuras da periferia.

Em vão pedi clemência, em vão roguei
ao barbudinho ás do volante
para aplacar o clamor do seu veículo
que afundava nas poças e pulava em calombos.

Quanto mais eu pedia, mais ele zombava
do meu temor e acelerava. Um pé de chumbo.
Testando as armas da delicadeza, eu disse:
"Não tenho pressa, amigo, é perigoso

correr tanto assim em chuva tão pesada".
Que nada! O cara nem me olhou, só respondeu:
"Perigoso é nascer. Não vou bater nem te afogar
na lama. Já tem gente demais morrendo aí".

Lembrei da frase dos jagunços de Rosa,
segundo a qual o perigoso é viver,
e me calei estoicamente pensando
como há ciladas difíceis de enfrentar.

O maluquinho sorriu vitorioso
quando enfim me deixou em casa. E fui olhar
no meu velho Montaigne a lição curta
(oriunda talvez de original latino)

em que ele uniu a frase do piloto
celerado do barco que me trouxe
à fala saborosa do sertão dos jagunços:
Viver é aprender a morrer.

A DOÇURA E A LUZ

Na *Batalha dos livros* de Swift
uma abelha esbarra sem querer
numa teia de aranha e a danifica.

A aracnídea empalidece e toda
a construção que é parte do seu corpo treme
de raiva. Como fera ferida,
ela vomita desaforos e xinga
com os palavrões mais torpes da barbárie
a pobrezinha volátil que a prejudicou.

Ao mesmo tempo que destila seu fel
a aranha atarantada humilha a outra
ao ufanar-se do poder invulgar
que lhe permite tecer fio por fio
a arquitetura equilibrada e simétrica
do palácio real que ela edifica
para lá se instalar com engenho e arte.

Alheia à raiva e a salvo de ameaças,
a abelha voa, adeja, zumbe e dança
na alegria das flores. Mas de longe,
com fala mansa de exímia bailadeira,
não deixa de explicar à aranha brava,
que espumava de ódio e de arrogância,
seu sistema de estar de bem com a vida:

"Enquanto você profere blasfêmias,
lançando a rodo veneno e xingamento,
eu me contento em encher nossas colmeias
de mel e cera, dando assim à humanidade
as duas coisas mais nobres, que são
a doçura e a luz".

ETAPAS
(Traduzido de "Stufen", de Hermann Hesse)

Tal qual toda flor murcha e toda juventude
Em velhice decai, cada etapa da vida
Floresce, como a sabedoria e a virtude,
No seu tempo preciso e nunca se eterniza.
Quando a vida o convoca, deve o coração
Estar aberto para um adeus e um recomeço,
Dando-se inteiro, com coragem, sem tristeza,
À outra ligação que então se manifeste.
Em todo início existe uma fascinação
Que nos protege e ampara a nova caminhada.

De lugar em lugar convém irmos alegres,
Sem apego a um qualquer, como se fosse pátria.
O espírito do mundo impõe vencer etapas,
Não quer atar nem restringir, mas elevar.
A frouxidão nos ameaça mal entramos
Na estreiteza dos hábitos do comodismo.
Só quem se apronta para a partida, a viagem,
Pode arrancar-se da rotina que entorpece.

Talvez até a hora da morte ainda possa
Levar-nos jovens a cruzar novos espaços.
O chamado da vida para nós não finda...
Saúde pois, meu coração, e às despedidas!

QUESTÃO DE RESPEITO

Digo bom dia para o sol
logo que acordo e abro a janela.
Depois eu cumprimento as rolinhas
que fazem ninho na varanda.
Elas respondem cururu cururu.
O sol se mantém calado. Mas brilha
com maior intensidade e me esquenta.

AO CONSEGUIR SAIR DE UMA AUTOESTRADA

(Como se tivesse de aprender a morrer,
ou seria essa ideia de que o tinha uma
invenção agora de morrer que tenha?

Teve e aceitou a obrigação de viver que
tinha tido de agoras ou porfias que nunca
se esclareceram muito bem). Mas

eu quem? Meus maus
ou os meus pensamentos esquisitos
— meus males?

Viver assim me fez sem ter querido
ser o contrário do que eu podia ser.
Não somos só quem temos sido

como um gomo tirado da totalidade
das nossas invenções e sentidos,
das nossas possibilidades na hora.

Pois bem. Mas então quem?
Aquele transtornado que sua
na rua nua da amargura

ou o estudioso recluso que alicia
páginas eventuais de alegria,
farsas, melodias e melancolias

para abastecer seus horários? Quem,
nessas estradas movimentadas de hoje
onde frangos e melancias rebolam

na carroceria de caminhões gigantescos,
pode evitar de pensar na morte quando
um suave cemitério da roça avança,

com não mais que algumas covas, e funde-se
aos mistérios do mar que ali se deitam
no verdor da enseada?

Quem senão eu que nada sou,
mas que sou tudo quando estou antenado,
para entender esses sinais

e tantos motorizados sentimentos
que me comprimem pela frente, por trás,
que por todos os lados me azucrinam

como os monstros devoradores que são?
Sim, sou eu que, sendo parte disso
e tão à parte mesmo assim tendo estado,

entro na fila e corro no meu carro
de sol. Seus raios são cavalos que puxam
para o reino dos céus, comendo o chão.

REVELAÇÃO NUM CAMARIM

Nisso que ele já se aprontava no camarim da vida, para mais uma exibição em público, uma história contada por um louco lhe veio de repente à lembrança e o fez sorrir de si mesmo, livrando-o da ansiedade que é tão comum nessas horas. O conto, se não se impunha pela coerência, nem manejava uma lógica bastarda a seu gosto, entretanto fornecia saídas (ou entradas) individuais oportunas, como se viu nas circunstâncias do ator que o relembrou sem querer. "É a história do nada," tinha dito o louco, "que não é nada mas se veste de folhas, penas, pelos, escamas, couraças ou capotes para fingir que é."

Somente as máscaras das convenções sobrepostas, somente fantasias casuais criavam por esse prisma uma ilusão do real. As palavras, por sua vez, que eram os adereços do louco, maleáveis e instáveis pela natureza e o uso, davam forma à narrativa e ao mesmo tempo lhe serviam para disfarçar emoções. Era pois a uma audição malabarista que a vontade consagrada teria de submeter-se ante elas, se pretendesse interligar filamentos, filigranas e entrelinhas para obter um todo conexo.

Na linguagem do louco, o conto desenhava os esquemas, sem porém preencher os claros, e previa uma rotina de transformação dos papéis, dispensando-se por isso de definir personagens. Quando muito, definia um comportamento qualquer numa situação trivial onde a pessoa que caísse na tolice de lhe dar atenção poderia moralmente se encontrar também e entender.

Não era o conto organizado, direcionado para justificar o título e provocar no leitor terror ou êxtase. Eram sensações à deriva. Não havia um projeto nem se percebia unidade. Não havia, mas também não entrava em causa, o brilho da imaginação poderosa. O louco apenas insistia na percepção de uma essência que lhe parecia fluir sem orientação nem sentido. O nada que se empluma para disfarçar a nudez e pouco a pouco decola para a configuração de aparências, como manchas criadas pela água que sai da mina e escorre.

COLAR DE ALGAS

No interior do pensamento há um rio
que se afunila ramificando-se em veias
para irrigar os corpos transitórios.
As ilhas, musculosas com seus morros
que deitam na areia fina das praias
com abraços tão carinhosos,
são o colar de algas e espuma que esse rio
usa, serpente mágica, ao saltar nas pedras.

O pensamento se alimenta dos sonhos
que, em arabescos vegetais, crescem nas margens.
Ricos depósitos de sedimentos
são deixados pelo sangue do rio e pela água das veias
nos remansos.
Espelho da natureza, o pensamento
flui e, enquanto eu penso, ele se foi.

Espelho, não; parte integrante
da mesma imagem do horizonte.

O ANIMAL SOCIAL

Se fiz o mal que não quero
sem fazer o bem que eu quis,
nem por isso me desespero;
não me julgo um infeliz.

Faço o que posso para domar
os meus instáveis sentimentos.
Mas como saber o que esperar
dos outros, com seus intentos?

Quanto mais puro eu puder ser,
mais espontâneo e desarmado,
sei que melhor irei conter
quem me pretender dominado.

É bom viver sem ter rivais.
Mas o avanço da civilização nos rodeia
de primitivos instintos animais
que a máscara da educação tapeia.

A LAGOA DOS OLHARES

No fundo, ninguém conhece
ninguém. A não ser por alto.
Mas na hora dos encontros,
quando os litígios se afogam
na lagoa dos olhares,
quando entre dois surge a igualdade
de um ponto de vista ao ponto
sem ônus de animosidade,

nos momentos assim, que até nos ônibus
lotados podem acontecer de repente,
se aos solavancos ali olhos se cruzam
no mais perfeito entendimento possível,

nos momentos amenos em que as pessoas
(uma no mar da outra mergulhadas
por atração ou forte simpatia)
deixam de perceber que se ignoram,
isso é tudo o que podem no tocante
ao que existe para conhecer do outro lado.

Quando nos vemos, de nós embevecidos
na serena permuta de um instante
em que a emoção de viver nos aglutina,
a presença da espécie rarefaz-se, nosso amor pacifica
qualquer onda de susto ou qualquer guerra.

Depois, contudo, cada qual volta ao seu casulo,
solucionando-se, ou não, na solidão.
É bom se ver, distrai se entreolhar
e é ótimo se conhecer, assim por alto.
Ninguém porém entrega a senha do mistério
que é humano ser um só na multidão.

TAMBORES DA MADRUGADA

Vem a manhã que apaga os monstros
que andavam soltos pela casa.
O coração se aquieta, exausto de temer,
à luz que banha o corpo à janela.
O vento leve arrasta cismas e sombras
que faziam do quarto um campo de batalha.

Que teme o coração na hora incerta
em que o corpo desperta, e é madrugada?
Serão figurações em desalinho
que a memória retém da infância morta
para acioná-lo a travar seu vão combate?

Serão talvez doenças fictícias
ou sintomas reais que a mente inventa
quando é induzida a pensar na escuridão?
Algum remorso irrompe do passado,
alguma farpa fere o peito,
há algum espinho atravessado na carne?

Que sabe o coração quando ele acorda
aos pulos, como se a morte o aliciasse
para ouvir seus tambores? Como se nada
de interessante houvesse mais no mundo,
além de discutir consigo mesmo?

(Quem sabe o coração só desanima
ante tantos cruéis pressentimentos
e o dissabor das mágoas obscuras
que a noite lhe enfiou pela goela?)

Nada ele sabe, o tolo coração disparado,
senão que às portas da manhã
seu horror terminou pausadamente.
Passado o aperto, a brisa, por contraste,

392   A pandemônia e outros poemas

o acaricia, restaura, consola e fortalece
para enfrentar novos testes de agonia,
iguais desabamentos de estrutura
que outras noites lhe tragam, qualquer dia.

O JARDIM SIMBOLISTA

Era um sobrado abandonado
onde o avô da ninfa airosa,
que me abria os seus portões,
tinha vivido. Sob a casca do tempo,

que enferrujava até as árvores
do calado jardim senhorial,
irrompiam trejeitos de esculturas
em delicadas poses sensuais.

Faunos, bacantes, messalinas
repousavam neste jardim em ruínas
com seus colares de fungo sobre o mármore.
Tinha sido escultor o avô da ninfa

que pelos gestos, pelo andar, a finura
das suas expressões, mais parecia
aos olhos do passeante entusiasmado
uma outra obra entre as que ali jaziam.

Era forte o contraste entre a beleza
da juventude que nela se encarnava
e a antiguidade dos sonhos simbolistas
que o avô da bela talhara em pedra.

Era em Paris. Falava-se francês.
Já estando ele a ponto de se dizer *touché*,
ouviu da ninfa airosa esta expressão:
Vous avez l'air d'un oiseau blessé.

A pandemônia e outros poemas

CASA COMIDA

as plantas se misturam com a casa vão fazendo uma toca com as paredes se esticando sobre o telhado penetrando em janelas porque plantadas tão juntas se embolaram e crescem além de toda medida e poda e mando e controle e avançam pela cabeceira das camas entram nas gavetas do quarto serpenteiam e engordam pelos corredores com exuberância tropical total e rodopiam se enroscando ou roçando umas nas outras e ainda com suas sombras nos cantos por toda parte onde se alastram e infiltram como plantas carnívoras devoradoras e úmidas deglutindo a casa caiada

ferros enferrujando e partes de um arado sem uso e de um trator desmontado e um carrinho de mão pilhas de madeiras podres ou gastas baldes de latão cacos de vidro capim crescendo em línguas espremidas entre um bagulho e outro

sobras de obras sacro entulho partes de um portão arriado um pé de abóbora um de milho um de jaca alguns de carqueja seca e sapê

as plantas se misturam com os ferros que entram pela cabeceira das camas fazendo dessa casa ruída uma arqueologia viçosa com suas folhas grudadas que não param de crescer e cair enquanto o solo se organiza entre pedras e bactérias ativas e duendes brincalhões e tijolos quebrados para renascer nas janelas em flores grandes que despencam com exuberância nas pilhas de madeiras podres ou gastas nos baldes de latão

DESORDEIRAS

Soltas, elas agora podiam reincorporar-se à vontade, sem o travo do sentido, sem a goma (sim, a goma) da fidelidade: elas eram ilógicas e desordeiras na aparência, mas correspondiam-se à perfeição, eram tão parte da articulação geral em cadeia como os urros, os gestos, os gemidos — ou os afagos que a humanidade se faz na intimidade do espelho. Elas eram voláteis, por um lado, e por outro, quando exaladas, podiam deixar marcas profundas. Caminhavam sonâmbulas na madrugada, e na sedução dos seus meneios recônditos, no enlevo de suas luvas enluaradas, muitos, os mais afoitos, se perderam.

Com elas, e suas limitações, tinha pois a obrigação de construir seu possível: charadas e imitações, palácios e tendas. Uma trama de argumentos e prerrogativas. Uma hipótese para qualquer desejo. Teria então um nome compatível para dar ao valor arquitetônico que elas adquiriram? Cada uma seria, se fossem módulos, uma pedra inaugural, um tijolo. Mas, e se fossem biombos? Porque assim como deixavam marcas profundas, assim como marcavam o valor do momento, elas também o falseavam, e escondiam muita coisa por trás. Por um lado, verdade seja dita, faziam pontes colossais sobre abismos. Por outro, faziam mascaradas tremendas!

É inevitável ser a construção um labirinto sem fim, onde cada pedra assentada coloca em plano vertical uma sombra — dura e concreta como ela própria. E existe uma atração também infinita, na zona permanente de penumbra, entre os aromas, timbres, cores, vibrações das qualidades que se enclausuraram ali. Nunca, acredita-se, vão encontrar saída.

ÍNDICE DOS POEMAS

Língua franca (1968)
Homenagem a Louise Labé 21
O poema 22
Compromisso.. 25
Inspirado por um vaso 27
Carta a um velho poeta 29
Interior... 31
Debastação... 32
A escolha da morte... 33
Febre 38
Ciência experimental.. 40
Contemplação na água 41
Aberração 42

A vida em comum (1969)... 45

Esqueci de avisar que estou vivo (1973)
Pedralume 63
Perguntas para recuperar a inocência 64
Afirmações antes de tirar a roupa.. 65
Preparação para o trigésimo ano... 66
Com gatos e Goethe 67
Salve Regina.. 68
Liquidificação.. 69
Excadescere calescerendo 70
Atrações de Matatempo 71
Limpeza 72
Animadversio 73
Para um manual de preciosidades... 74
Estar estando.. 75
Pensado em forma de funil 76
Roteiro para um filme-pânico... 77
Pastoreando um bruxo urbanizado 78

Meia-noite no Bingen 79
Um ledor de indecifráveis 80
Programa de fim de semana 81
Escrito numa banheira 82
Treino à distância 83
Paisagem voando para o orgasmo 84
Pleno meio, naturalmente 85
O caranguejo come a própria perna 86
Missal sem cerimônia 87
Carranca para um barco ir ao fundo 88
Relações de estranhamento 89
Eletrossexograma 90

Anjo tigrado (1975)
Do traço aos pontos 93
Quebra-corpo 94
Mulheres de milho 95
Prelábios 96
Pernoitório 97
Precipincípio 98
Jantando a família 99
Sono livre 100
Cristão de idade 101
Rock-rocinha 102
Secretovário 103
Letra para um teatro completo 104
Luzes da cidade 105
Paviola 106
Vale 107
Traduzido de René Daumal 108
Anjo tigrado 109

Sibilitz (1981)
O desdobre das bonecas 113
Um cachorro de água e os sentimentos atômicos 117
Passamanaragem 121
O burrinho e seu burro 122
Koisas da polítika 124
Xisnada 125

Índice dos poemas   399

Afanasy Nikitin 126
Arroz de olhos 130
Ciência sapal 132
Justificação de deus 133
Dom Quixote de las Letras 134
O nãotô-madose 137
Tiê-sangue 140
Um amor de jardim 141
O enjalmado 146
Peg-ação do Outro 148
Receita de pedra 150
Troço 151
Didática do amor como insuficiência nervosa 153
Deposição do chefe de uma personalidade 156
A quinta pata do cão 157
Momento esquisito 162
Minha vez é minha vida 163
Carta perta 165
Produto levado 166
Medicina caseira 169
Passagem para uma paisagem de caras 173
Foi queimar livros velhos e achou na mala um beija-flor 175
Loção de anatomia 176
A lei do encaixe 178

Assim (1986)
Cabeça desfeita 183
Amizades 184
Bandeja, destino, desejo 186
Será que ficando velho dá pé? 187
Metafísica e biscoito 188
Laranja palma 189
Contemplação dos seios das beterrabas 192
Pesadelos 193
Metacomédia 194
Caminhadas 195
Sobrenatureza 197
A poesia e a matança dos mosquitos 199
Feitiço fantoche 200

Capim 201

Andarandando 203

Bonito e contrastado 205

Ao se abster de entrar na goela do próximo 206

Vendacalmaval 207

É claro é escuro é cinema é bom....................................... 208

Rios, raízes, ar e chão... 209

Eu e os cabides do destino.. 213

Boneco a vinho... 214

Chamas de mesa... 215

Aberto para os dedos de deus 216

Fórmula prática 217

Nu espírito dá coisa 218

O tempo dos temperamentos... 219

A terra do mim... 220

Semistério... 223

Laranja mágica... 224

Mistério do trem 226

Leyenda 227

Lição de roda 228

Cometa na reta... 230

Adeus à bananeira ociosa 232

Sataka de Bhartrihari 233

Argumentos invisíveis (1995)

Ao sonhador, o inveterado 237

Que catedral... 238

O apanhador no campo 239

Sonho de justiça 240

Introdução à arte das montanhas 241

Cirurgia da glória... 242

Octavia Minor O'Donnell 243

Sensacionista 244

Observação dos calores 245

De que me serve conhecer as palavras 246

História oriental da loucura

 Maluco no telhado 247

 Maluco na igreja 248

 Maluco cantando nas montanhas 249

Singular de paisagem 250
A revolução e o rato 251
O perde dor 252
Radial X 253
O reinado da rainha perpétua 254
A very eventful life 256
Costura viva 257
Chapéu sem dono 258
Sim 259
Pescarias no ar 260
Ode pagode ao copo 261
Marca-tempo 262
Praia dos Anjos 263
Modalidade clássica de pulo no abismo 265
Ambições de assombrações 266
Crina e lombo 267
Tantos dias de hotel 268
Preocupações palacianas 270
O assessor sequestrado 271
A possessão evangélica 273
O teatro do alarme 274
Recado ao rei 275
Antissátira: uma tentativa 276
Dia de dilúvio 277
Um pombo no chope 278
Terapia dos brotos 280
O xerife e os guajajaras 283
Ansiedade 286
Um dia, um gato 287
If 288
Um pastel cheio de dedos 289
Fileiras cerradas 290
Apontamentos de filosofia perene 293
Algumas variações de cultura 294

Um mosaico chamado a paz do fogo (1997) 297

Quatorze quadros redondos (1998)
Vagante 301

O homem que açucarou 303
Bebona 305
Discrição ou descrição? 306
Urvento 308
Ficar no bote 309
Magro como pêndulo 310
Mulher de pé no fim do mundo 311
Conspiratória 312
Cavalos na lua 313
O enterro do cajado 314
Narcisa 315
De vigia 317
Querer dizer 319

Chinês com sono (2005)
Língua de boi 323
Olhar de vaca 324
Convivencial 325
Hipnose 326
Desencorpando 327
Terra brava 328
Leitora 329
Confissões a um andarilho 330
O observador observado 331
Labial 332
Despovoação da pessoa 333
Ressurreição 334
Pedra doida 335
Chinês com sono 336
Amor no mato 337
A um ex-hotel 338
Amor na moita 339
Catando coisas 340
Dançando na chuva 341
Sobre um tema de Confúcio 342
Proximidade 343
Uma escultura movediça 344
Numa beira de estrada 345
Derivação de Lu-Yu 346

Índice dos poemas   403

Derivação de Ma Chih-Yuan 347
Derivação de Wang-Wei 348
Derivação de Li P'o 349
A última romântica 350
Branqueamentos 351
Perfil de um gesto 352
Canção da sombra da Bocaina 353
A passageira 354
Bem secreto 355
Quase sublime 356
Ao ler no mundo flutuante 357
Transição 358
Para o muro de um solar 359
A bela e a fera 360
Sombra e cão 361
Compromissos no centro 362
A lenda do lago 363
O rosto da água 364
Jogos de luz 365
A inalcançável 366
Retrato de ermitão no deserto 367
Um leitor do céu 368
Rompimento de amizade 369
Clandestinos 370
Brinquedos brincados 371
A fogueira dos amigos 372
Cruzamentos caminhantes 373
Nossa dupla instrumental 374
Mão desfolhada 375

A pandemônia e outros poemas (2021)
A pandemônia 379
Por prazer não se aproxime 381
Travessia em barco bêbado 382
A doçura e a luz 383
Etapas 384
Questão de respeito 385
Ao conseguir sair de uma autoestrada 386
Revelação num camarim 388

Colar de algas	389
O animal social	390
A lagoa dos olhares	391
Tambores da madrugada	392
O jardim simbolista	394
Casa comida	395
Desordeiras	396

Índice dos poemas

BREVE FORTUNA CRÍTICA

A POESIA COMO FÁBULA

Ivan Junqueira[1]

Ao lermos este volume de poemas de Leonardo Fróes, que se publica quase dez anos depois de sua última coletânea, *Assim* (1986), ocorre-nos de imediato aquela imagem do carvalho heideggeriano, ou seja, a daquela árvore que permanece idêntica a si mesma no transcurso invisível de sua mutabilidade. Todo grande poeta — e Leonardo Fróes, sem favor algum, é um deles — se renova na repetição, no aprofundamento de seus temas e problemas, na cristalização de sua linguagem e de seu estilo. Quem já o percebera na leitura dos poemas de *Sibilitz* (1981) e do já citado *Assim* — e o mesmo valeria para o *Anjo tigrado* (1975) — haverá de convir que o mesmo acontece agora. Aqui estão presentes e em sua plena maturidade os frutos da árvore que o autor plantou em silêncio e que, em silêncio, vem cultivando ao longo do tempo, distante dos modismos e alheio a essa mídia que, a cada ano, fabrica um novo — e por isso mesmo já caduco — talento poético. É bem de ver que, muito ao contrário de certos poetas cuja cornucópica prodigalidade nada mais consegue do que atormentar regularmente o leitor com algo datado e oportunista, Leonardo Fróes pacienta à espera — rilkianamente à espera — de uma poesia que de fato lhe acrescente ao que já fora escrito. E nisso vai mais um de seus méritos: o de nunca apressar o tempo durante o qual toda grande poesia é concebida.

Como já dissemos certa vez, o autor "escreve poesia como quem conversa, como quem conta, entre esquivo e distraído, uma história que só pode ser contada ao pé do ouvido". É o que ocorre, sem dúvida, com muitos dos poemas de *Argumentos invisíveis*, sobretudo os que foram escritos em prosa. "Introdução à arte das montanhas", "A revolução e o rato" ou o estupendo "O reinado da rainha perpétua", por exemplo, o atestam de forma cabal, e pode-se até dizer que criam um gênero novo em nossa poesia: o daquele que chamaríamos aqui, não propriamente de uma outra espécie de poema em prosa, mas de poema em fábula. E é nesse poema em fábula que mais se acentuam e parecem cristalizar-se as matrizes seminais de sua poesia, co-

---

[1] Publicado originalmente como prefácio a *Argumentos invisíveis*, Rio de Janeiro, Rocco, 1995.

Breve fortuna crítica

409

mo as do humor, do lirismo coloquial, do metaludismo semântico-vocabular e de um ritmo que, enganosamente frouxo, é antes e apenas orgânico, pois que lhe atende as exigências de uma linguagem que se quer, acima de tudo, perifrástica e hiperbólica.

E tais virtudes alcançam seu ápice em *Argumentos invisíveis*, situando o poeta em posição privilegiada entre seus pares. A linguagem poética se adensa, e o ritmo revela-se mais tenso e contido. As imagens surpreendem e mergulham o leitor numa atmosfera da qual caberia dizer que é, a um só tempo, esfíngica e encantatória. Tem-se às vezes a estranha impressão de que se é arrastado para uma instância da realidade em que aquilo que se entende por realidade nos dissolve em algo mais real e tangível. Uma realidade de raízes, de húmus, de vísceras de uma profundeza ainda não contemplada e quase edênica. Seria mesmo como uma "Introdução à arte das montanhas", cuja sabedoria nos ensina que o animal, sempre guindado para cima, julga que reconheceu os seus limites, embora ainda não saiba, por não ter a consciência de Sísifo, que nesse mesmo instante "tem de aprender a descer". Diz o autor que tais "argumentos" são "invisíveis". Pode ser. Mas o que aqui esplende é a visibilidade de uma luz que ilumina mais do que antes, adquirindo assim, no plano da linguagem metalógica da poesia, todas as cores e timbres de sua austera e no entanto desabusada dicção.

NATUREZA E CONSOLAÇÃO EM LEONARDO FRÓES

José Thomaz Brum[1]

Uma das vias de acesso mais ricas à obra de Leonardo Fróes é a sua obsessão carinhosa pela Natureza. O poeta que se sabe — como Kant — "um pau torto que jamais endireita" ("Pernoitório", *Anjo tigrado*) exibe, em seus textos, um corpo-a-corpo com a realidade metafísica do homem: parcialidade e perplexidade. Mas, ao mesmo tempo, a alarga até um confronto, respeitoso, com o Absoluto da Natureza. Se Deus pôde ser "uma casa de marimbondos", "uma árvore", "uma flor que se movimenta" ou até "um cão danado" ("Justificação de Deus", *Sibilitz*), é porque a Natureza, em Fróes, detém a chave dos impasses humanos.

Atento a seus ritmos nunca monótonos — "a natureza é engraçada,/ dá sem trégua e principia/ a gerar tudo de novo,/ avessa à monotonia" ("Terapia dos brotos", *Argumentos invisíveis*) —, Fróes se entrega a uma verdadeira ode à independência da Natureza, misturando-se com ela — "essa tarde-corpo/ que se abre no mundo como um guarda-chuva sereno" ("Quebra-corpo", *Anjo tigrado*); "vou virando pedra e livre/ vou virando um cisco" ("Sono livre", *Anjo tigrado*) —, contemplando-a — "a madre selva ruiva/ deglutindo-se perfeitamente sozinha" ("Vale", *Anjo tigrado*), e dotando-a de uma sabedoria implícita — "só as aves entendem/ o que estou olhando ao longe,/ sem pensar mas sentindo/ minha insignificância perfeita" ("Passamanaragem", *Sibilitz*). Além do homem, ou aquém, existem "o capim que arfa/ perto da pedra" e "o soluço do caqui nascendo" ("Caminhadas", *Assim*).

A imagem do nascimento contínuo da natureza vegetativa atravessa os poemas de Leonardo Fróes como um remédio contemplativo e sublime. Até a alma do poeta é compreendida através de uma imagem vegetal, pois "já brotou e feneceu várias vezes o que eu chamo de alma" ("Justificação de Deus", *Sibilitz*).

Entregue a uma espécie de simpatia ritual pela Natureza, Leonardo Fróes professa ignorância ante suas perfeições: "Sei seiscentas lânguidas, porém desconheço/ o gesso, o âmbar, as coisas límpidas" ("Letra para um teatro completo", *Anjo tigrado*). O homem, incompletude, intelecto limitado,

---

[1] Publicado originalmente como prefácio a *Vertigens*, Rio de Janeiro, Rocco, 1998.

Breve fortuna crítica

é também vazio desejante — "Essas figuras que o desejo desenha... Lições de nada que me deixam vazio" ("Ao sonhador, o inveterado", *Argumentos invisíveis*) — e encontra-se desamparado ante a força do sublime natural, "quando chove assim tão seguidamente na serra... vou flutuando como onda inconstante na correnteza" ("Dia de dilúvio", *Argumentos invisíveis*), situação que simultaneamente nos consola de que "a vida é maior que a gente/ e mais do que a gente espia" ("Terapia dos brotos", *Argumentos invisíveis*).

Comparado às emoções e intenções humanas, o mundo não monótono da Natureza nos dá, segundo Fróes, liberdade e ausência de eu, daí a fusão pássaro/ prazer/ lembrança: "existe um passarinho tiê-sangue... ("Tiê-sangue", *Sibilitz*).

Não há poeta menos desatento às oscilações cíclicas dos dias: "a manhã amarela está caindo em meus braços..." ("Laranja mágica", *Assim*), ou das noites: "No meio dos latidos da noite,/ quando o silêncio atinge a qualidade/ dos latidos da morte..." ("Metafísica e biscoito", *Assim*).

Poesias sempre contextualizadas as de Fróes, não em uma acepção meramente histórica ou política, mas sobretudo naquela, paralela, das proezas da Natureza, como fala em um poema que considero verdadeira síntese dessas ideias ("Terapia dos brotos", *Argumentos invisíveis*): "Neste tempo de incertezas...".

Há um certo misticismo neste respeito, e deslumbramento, com a autonomia dos fenômenos naturais, mas há também um forte desejo — que podemos chamar de "humanista" — de que tal universo possa auxiliar um homem faminto de harmonia ou diálogo: "aproveite bem a hora/ e plante, por terapia/ ou para matar a fome,/ entre os homens, de empatia" ("Terapia dos brotos").

Esta veneração, um tanto quanto oriental, pela Natureza é uma constante em seus poemas. Ela demonstra que há, em Fróes, um romântico alemão (a Natureza considerada como um Absoluto onde o homem pode celebrar uma unidade talvez, nele mesmo, perdida), mas também um ser maravilhado com o simples fato de que, graças a seu elo com a Natureza, o homem não seja apenas esta solidão discursiva, este "aço inox" sem consolação: "oi morro, oi boi, oi cachorro... oi dificuldades" ("Caminhadas", *Assim*).

Retomando uma ideia que desenvolvi alhures, pode-se dizer que há, na obra de Leonardo Fróes, um amor pelo mundo que se mostra através do amor pelas coisas e pelos fenômenos naturais, daí o fato de, nela, os aguaceiros interioranos revelarem uma dimensão ontológica e o gomo de tangerina esconder um sabor metafísico.

A "INSIGNIFICÂNCIA PERFEITA" DE LEONARDO FRÓES

Fabrício Carpinejar[1]

A poesia de Leonardo Fróes é uma excursão à montanha. Recomendável ir sozinho, sem livros e bagagens, sem ninguém para carregar, se possível nem a si mesmo. Lírica da suavidade, da água da pedra e da filosofia pura que vem da observação. O autor é discreto, não vive a insegurança da vaidade, não apela para terceiros para encontrar as localidades insuspeitas do idioma.

Sua estreia aconteceu em 1968, com *Língua franca*, onde convocava os vermes para a redenção. Não publica muito, é exato e necessário para falar. Sua obra poética está reunida em *Vertigens* (Rocco), de 1998. Também gosta de fazer rir, mas um humor inteligente, intravenoso, como em "Ciência sapal", em que o motorista acredita que atropelou o sapo porque ele está muito achatado.

Brinca com a vida levada a sério. Mostra o quanto o dramático está perto do patético. Procura o equilíbrio coloquial, não fugir do cotidiano, no máximo afugentar a rotina de vez em quando. Usa expressões que tenham sentido no momento do poema. Não guarda metáforas para depois. Naturalista, evita figuras vazias e retórica. Destila fé mas não caça Deus no nome. "O que eu chamo de deus é bem mais vasto/ e às vezes muito menos complexo/ que o que eu chamo de deus."

Não quer mandar no jogo dos versos, mas apenas participar. "A vida é maior que a gente/ e mais do que a gente espia." Não transforma o sentimento de ser menor do que o mundo em impotência. Respeita, ritualiza, reverencia as impossibilidades. É minucioso e detalhista ao capturar os fenômenos naturais e sociais invisíveis, os serventes limpando o hospital, os pequenos insetos no caqui, o boi mascando a grama. Estabelece história da anti-história. Abre as margens. Sua contemplação é civil, amadora, pouco preocupada em institucionalizar funções ou moralizar.

Leonardo Fróes é límpido, porque sua poesia celebra até a queda. Não reclama da fila, encontra algo da fila para pensar. Como um montanhista so-

---

[1] Publicado originalmente como texto de orelha de *Chinês com sono*, Rio de Janeiro, Rocco, 2005.

Breve fortuna crítica

litário, não está interessado em apenas subir. Desde a ida, se preocupa em descer. A expedição só está encerrada depois da volta. "Sente-se disperso entre as nuvens,/ acha que reconheceu seus limites. Mas não sabe,/ ainda, que agora tem de aprender a descer."

A única ambição de sua poética é gastar os sapatos e se descobrir. Mastiga reflexões, martela anotações de viagens e rumina contemplações diferenciadas do senso comum. Singularmente simples. "Os meus papéis estão cansados de mim." Entre escrever e ver, prefere ver o já escrito, traduzir o que ainda não foi lido suficientemente, muito menos compreendido. Reproduz a grandeza do imprevisto. "Só as aves entendem/ o que estou olhando ao longe/ sem pensar mas sentindo/ minha insignificância perfeita."

Essa inutilidade simétrica e redonda, aperfeiçoada e luminar, revela o movimento de seus textos. O mínimo se multiplica. O ínfimo é íntimo. Sua poesia traça vizinhança com as fábulas, o motor ficcional encadeando as imagens, o enredo sensível e delicado de quem conversa sem querer impressionar. Uma conversa para se entreter com os movimentos sonoros da oralidade. Em Leonardo Fróes, o passado não está findo. Tudo pode ser investigado pela invenção. O que persevera é uma história adulta para as crianças. Pureza no tema e malícia lúdica na fala, transitando do trivial ao maravilhoso. Seus versos são contos versificados, visuais e cromáticos, adquirindo o tempo do espaço.

Se a poesia de Leonardo Fróes é de um montanhista, de ficcionista microscópico das escarpas, ela pode ser dividida em diurna, momento da própria viagem, do aprendizado árduo das trilhas, e noturna, hora da fogueira, do descanso e da tradição verbal. *Quatorze quadros redondos* (1998) traz essa marca da segunda personalidade, que perdura na produção mais recente do autor: decantando lendas e fábulas e priorizando personagens, hipérboles e aforismos. Um exemplo de suas histórias é o velho que decide conhecer a estrada nova por curiosidade, ao invés de andar pelo caminho antigo e seguro, e vê o cansaço agravar a distância até que seu cajado se torna uma enxada.

A preocupação do escritor é não aparecer, pincelar gravuras com a fidelidade de uma testemunha, movido por uma serenidade plástica. O que prevalece é a intuição da inteligência. Dar formação rochosa e relevo ao espírito, absorver o temperamento calmo da montanha, que não se mostra para quem não está perdido nela. Fróes acha a interioridade do artista do lado externo. Seus textos articulam uma distração fixa. Opõe-se à concentração classificatória com a devoção do devaneio. Olha para se esvaziar, não para encher os olhos.

BIBLIOGRAFIA DO AUTOR

Poesia:

Língua franca. Rio de Janeiro: Edições de Ensaio, 1968.

A vida em comum. Rio de Janeiro: Edições de Ensaio, 1969.

Esqueci de avisar que estou vivo. Rio de Janeiro: Artenova/INL, 1973.

Anjo tigrado. Petrópolis: Gráfica Santa Mônica, 1975.

Sibilitz. 1ª ed., Rio de Janeiro: Alhambra, 1981; 2ª ed., Belo Horizonte: Chão da Feira, 2015, com ilustrações de Ricardo Reis e prefácio de Reuben da Rocha.

Assim. 1ª ed., Rio de Janeiro/Petrópolis: Xanadu, 1986; 2ª ed., Lisboa: Douda Correria, 2019.

Argumentos invisíveis. Rio de Janeiro: Rocco, 1995.

"Um mosaico chamado a paz do fogo", em *Trimano: desenhos e ilustrações*, Rio de Janeiro, Relume-Dumará, 1997.

"Quatorze quadros redondos", em *Vertigens*. Rio de Janeiro: Rocco, 1998.

Chinês com sono, seguido de *Clones do inglês* (traduções de poetas de língua inglesa). Rio de Janeiro: Rocco, 2005.

Antologias e obra reunida:

Os irreais (antologia). Ilustrações de Luis Trimano. Rio de Janeiro: Impressões do Brasil/Livraria Leonardo da Vinci, 1997.

Vertigens (obra reunida, 1968-1998). Rio de Janeiro: Rocco, 1998.

Trilha: poemas 1968-2015 (antologia). Rio de Janeiro: Azougue, 2015.

31 poemas. Rio de Janeiro: Azougue/Cozinha Experimental, 2017.

Biografia, contos e textos jornalísticos:

Um outro. Varella (biografia de Fagundes Varela). 1ª ed., Rio de Janeiro: Rocco, 1990; 2ª ed., São Paulo: Corsário-Satã, 2021.

Contos orientais (baseados em fontes da antiga Ásia). Rio de Janeiro: Rocco, 2003.

Natureza: a arte de plantar (textos jornalísticos). Recife: Cepe (no prelo).

Traduções com ensaios:

BROWNING, Elizabeth Barrett. *Sonetos da portuguesa*, com o ensaio "A portuguesa dos sonetos". Rio de Janeiro: Rocco, 2011.

CHOISY, François-Timoléon de. *Memórias do abade de Choisy vestido de mulher*, com o ensaio "O abade que aprendeu português para falar no Sião". Rio de Janeiro: Rocco, 2009.

ELIOT, George. *Middlemarch*, com o ensaio "Mulher e cultura no dissenso literário". Rio de Janeiro: Record, 1998.

GOETHE, Johann Wolfgang von. *Trilogia da paixão*, com o ensaio "A puberdade repetida e a obra plural de Goethe". 1ª ed., Rio de Janeiro: Rocco, 1999; 2ª ed., Porto Alegre: L&PM, 2009.

LAWRENCE, D. H. *Poemas*, com o ensaio "Lorenzo no cosmo". Rio de Janeiro: Alhambra, 1985.

SHELLEY, Percy Bysshe. *O triunfo da vida*, com o ensaio "Os embates de Shelley pelas artes da vida". Rio de Janeiro: Rocco, 2001.

SWIFT, Jonathan. *Panfletos satíricos*, com o ensaio "A doçura e a luz do antifilósofo irado". Rio de Janeiro: Topbooks, 1999.

TAGORE, Rabindranath. *O casamento*, com o ensaio "Os riscos de giz da tirania". Rio de Janeiro: Nova Fronteira, 1992.

Outras traduções:

BONOWITZ, D. Bernardo (org.). *Os místicos cistercienses do século XII*. Juiz de Fora: Edições Subiaco, 2005.

CASSIANO, João. *Conferências XVI-XXIV*. Juiz de Fora: Edições Subiaco, 2008.

DEFOE, Daniel. *Robinson Crusoe*. São Paulo: Ubu, 2021.

FAULKNER, William. *O intruso*. São Paulo: 1ª ed., São Paulo: Siciliano, 1995; 2ª ed., São Paulo: Benvirá, 2012.

_____. *Esquetes de Nova Orleans*. Rio de Janeiro: José Olympio, 2002.

_____. *A árvore dos desejos*. Ilustrações de Guazzelli. São Paulo: Cosac Naify, 2009.

FERLINGHETTI, Lawrence. *Um parque de diversões da cabeça* (com Eduardo Bueno). Porto Alegre: L&PM, 1ª ed., 1984; 2ª ed., 2007.

LA FONTAINE, Jean de. *Fábulas selecionadas*. Ilustrações de Alexander Calder. São Paulo: Cosac Naify, 2013.

LE CLÉZIO, J. M. G. *O africano*. São Paulo: Cosac Naify, 2007.

_____. *Pawana*. Ilustrações de Guazzelli. São Paulo: Cosac Naify, 2009.

_____. *Refrão da fome*. São Paulo: Cosac Naify, 2009.

_____. *História do pé e outras fantasias*. São Paulo: Cosac Naify, 2012.

Lowry, Malcolm. *À sombra do vulcão*. 1ª ed., São Paulo: Siciliano, 1992; 2ª ed., Porto Alegre: L&PM, 2007.

Marder, Herbert. *Virginia Woolf, a medida da vida*. São Paulo: Cosac Naify, 2011.

Maurois, André. *Em busca de Marcel Proust*. São Paulo: Siciliano, 1995.

Merton, Thomas. *Merton na intimidade, "sua vida em seus diários"*. Rio de Janeiro: Fisus, 2001.

O'Connor, Flannery. *Contos completos*. São Paulo: Cosac Naify, 2008.

Saint-Exupéry, Antoine de. *O pequeno príncipe*. Ilustrações de Sandra Jávera. São Paulo: FTD, 2016.

Sick, Helmut. *Tukaní: entre os animais e os índios do Brasil Central*. Rio de Janeiro: Marigo Comunicação Visual, 1997.

Tompkins, Peter & Bird, Christopher. *A vida secreta das plantas*. Rio de Janeiro: Expressão e Cultura, 1974.

Torgovnick, Marianna. *Paixões primitivas: homens, mulheres e a busca do êxtase*. Rio de Janeiro: Rocco, 1999.

Wilson, Edward O. *Naturalista*. Rio de Janeiro: Nova Fronteira, 1997.

Wiser, William. *Os anos loucos: Paris na década de 20*. Rio de Janeiro: José Olympio, 1993.

Wood, James. *Upstate*. São Paulo: Sesi, 2021.

Woolf, Virginia. *Contos completos*. São Paulo: Cosac Naify, 2005.

_____. *O valor do riso e outros ensaios*. São Paulo: Cosac Naify, 2014.

_____. *Mulheres e ficção*. São Paulo: Companhia das Letras, 2019.

SOBRE O AUTOR

Leonardo Fróes nasceu em 1941 em Itaperuna, no interior do Rio de Janeiro, e se criou na capital. Viveu os anos de aprendizagem em Nova York e na Europa, e mora em Petrópolis desde o começo da década de 1970. Foi editor, jornalista, enciclopedista. Entre 1971 e 1983 assinou a coluna "Natureza", no *Jornal do Brasil*, reproduzida como "Verde" no *Jornal da Tarde* de São Paulo, tendo sido um dos primeiros a difundir no Brasil a consciência ecológica. Traduziu dezenas de livros do inglês, francês e alemão, de autores como Shelley, Goethe, Swift, Choisy, Faulkner, George Eliot e Malcolm Lowry. Montanhista e naturalista amador, traduziu também livros de especialistas em ciências da natureza, como *Tukaní*, do ornitólogo Helmut Sick, e *Naturalista*, do mirmecólogo Edward O. Wilson. Recebeu o Prêmio Jabuti de Poesia, em 1996, por *Argumentos invisíveis*, e os prêmios de tradução da Fundação Biblioteca Nacional, em 1998, da Academia Brasileira de Letras, em 2008, e da Fundação Nacional do Livro Infantil e Juvenil, em 2016. Nesse último ano recebeu também o prêmio Alceu Amoroso Lima — Poesia e Liberdade, concedido pelo Centro Alceu Amoroso Lima e pela Universidade Candido Mendes.

Este livro foi composto em Sabon
pela Franciosi & Malta, com CTP
e impressão da Edições Loyola em
papel Pólen Soft 80 g/m² da Cia.
Suzano de Papel e Celulose para a
Editora 34, em julho de 2021.